KB264549

공부해서 남 주자

전인적 세계시민교육

공부해서 남 주자

지은이 | 김영길
펴낸곳 | 비전과리더십
등록번호 | 제1999 – 000032호
주소 | 서울시 용산구 서빙고로65길 38
출판부 | 2078 – 3331   e-mail | tpress@duranno.com
영업부 | 2078 – 3352
초판 발행 | 2016. 5. 23
개정판 발행 | 2018. 5. 30
개정판 4쇄 발행 | 2022. 7. 11.
ISBN 979-11-86245-27-9 03320

잘못된 책은 바꾸어 드립니다.
책값은 뒤표지에 있습니다.

*이 책은 《공부해서 남 주자》의 개정판입니다.
비전과리더십은 두란노서원의 일반서 브랜드입니다.

*논평이나 서평에 실린 간단한 인용을 제외하고, 출판사의 서면 합의 없는 무단 전재를 금합니다.

공부해서 남 주자

전인적 세계시민교육

김영길 지음

비전과리더십

2014년 1월 31일 한동대학교 총장직 은퇴 후 가족과 함께

이 책을 탈고한 2018년 2월 12일 소천한
내 사랑하는 딸 종민을 추억하며

"공부해서 남 주자:
전인적 세계시민교육"

사랑하는 아빠가

"예수께서 이르시되
나는 부활이요 생명이니
나를 믿는 자는 죽어도 살겠고
무릇 살아서 나를 믿는 자는 영원히 죽지 아니하리니"
(요 11:25-26).

contents

김영길 총장님은 오늘날의 대학생들을 새롭고 총체적인 방식으로 교육해야 한다고 외친다. 이제 때가 됐다. 빠르게 변화하는 글로벌 정보 사회에서 미래를 만들어 가는 주체는 오늘날의 젊은 인재들이다. 이 통찰력 있는 교육자는 단순한 지식 습득 방식은 더 이상 교육의 적절한 대안이 아니라고 믿고 있다. 오직 균형 잡힌 전인교육을 통해서만 내일의 인재들이 가공할 만한 글로벌 도전 과제들을 극복할 문제 해결 능력을 기를 수 있다.

김종한 국제 로펌 폴 헤이스팅스(Paul Hastings LLP) 파트너, 서울 사무소 대표

저자 김영길 박사는 과학자이자 교육자로서 동시대를 사는 사람들에게 미래를 조망하면서 세계를 향해 펼쳐야 하는 교육 실험의 과제는 '세계시민'으로 성장하게 하는 것이라고 말한다.

오늘날의 지구촌은 이전에 경험하지 못한 새로운 문제, 즉 기후 변화에 따른 생태계 환경의 파괴, 윤리와 도덕의 붕괴, 청정 에너지 문제, 절대 빈곤과 상대적 격차, 테러와의 전쟁 등에 시달리고 있다. 이러한 문제들의 근본 해결책은 바로 새로운 교육이다. 21세기의 새로운 교육은 전문성을 중시하던 20세기의 사고에 머무르지 않고, 전인적 인성의 발달, 국제적이고 세계적인 안목과 감각, 그리고 창의력과 잠재력의 발현을 기할 수 있어야 한다.

저자의 교육 철학은 불현듯 떠오른 발상이 아니다. 자신의 성장 과정, 과학적 탐구 생활, 그리고 교육 현장에서의 실험적 경험을 통해 형성되고 성숙된 것이다. 저자는 엄격한 유학자의 가정 교육을 통해 기본 인성을 도야했고, 과학자로서 기독교에 입교하면서 과학과 종교의 갈등을 극복하는 신앙적 체험을 했다. 그리고 한동대학교를 운영하면서 전인적 인성, 융합적 사고, 국제사회에 대한 관심을 길러 '세계를 바꾸는' 성취의 삶을 살도록 이끄는 교육 실험의 성과를 경험했다.

이돈희 서울대학교 명예교수, 전 교육부 장관

이 책은 안동에서도 이름난 유가(儒家)의 후예인 저자의 자전적 기록을 겸한 논설집이다. 이 기록에서 저자는 특히 셋째 형 고(故) 김호길 박사에 대해 자세히 언급한다.

두 형제는 그리 넉넉지 않은 집안 형편 가운데서도 교육의 혜택을 충분히 받았다. 특히 김호길 박사는 서울대학교를 거쳐 영국 명문 대학교로 유학해서 핵물리학과 박사 학위를 취득한 후 포항공과대학교 초대 총장을 역임했다. 김영길 박사는 미국에서 금속재료공학 분야 박사 학위를 받고, 미국항공우주국

(NASA)에서 근무하다가 귀국해 한국과학기술원(KAIST) 교수를 역임한 후, 한동대학교 초대 총장으로 헌신했다. 두 형제는 유교 가정에서 태어나 첨단 과학자로서 교육 인재 양성에 헌신해 새로운 인재의 비전을 제시하고 있다.

김종길 고려대학교 명예교수, 한국예술원 회원

"뿌리 깊은 나무는 바람에 흔들리지 않는다"라는 역사 속 격언이 있다.《공부해서 남 주자》를 읽고 느낀 감동이 이와 같다. 한동안 알파고 신드롬으로 세상이 떠들썩했다. 과학의 끝없는 발전에 놀라움과 두려움을 느끼는 것이다. 인간이 만들어 놓고 다시 인간이 불안해한다니, 어불성설이지 않은가!

그런데 이 책을 읽으면 이 시대의 걱정을 내려놓고 안도하게 된다. 모든 것의 중심에는 사람이 있고, 사람의 중심에는 지혜와 인격이 있어야 함을 강조하기 때문이다. 과학자가 인문학과의 조화를 역설하고, 유교 집안에서 자란 인재가 기독교의 영성으로 감화시키고, 한국의 전통과 세계의 가교 역할을 하니 진정한 설득력이 있을 뿐 아니라 미래의 희망이 열리는 듯하다. 맑은 날의 푸른 하늘을 보는 청정함을 느낀다. 김영길 총장님은 교육계의 영원한 참 스승이다.

이배용 전 한국학중앙연구원장, 전 이화여자대학교 총장

이 책은 과학자이면서 교육자이고, 과학과 인문학의 융합을 실천한 두 총장 형제의 삶의 이야기를 들려준다. 그리고 퇴계의 유학 전통에서 시작해 현대 과학 연구와 대학 운영을 거쳐 유엔의 세계시민교육으로 이어지면서, 우리의 과거와 현재와 미래를 하나로 엮어 보여 주는 책이다. 이 책을 다 읽고 나면 20년간 총장직을 수행하다 은퇴한, 그러나 80세의 나이에도 불구하고 "나의 교육 실험은 끝나지 않았고 나의 열정 또한 식지 않았다"고 포효하는 노익장의 젊은 열정을 느낄 수 있다.

김재춘 전 한국교육개발원장, 전 교육부 차관

김영길 초대 총장은 한동대학교에서 인재 육성의 새로운 길을 보여 주었다. 이 책은 한동대학교의 교육을 통해 그가 걸어온 길을 소박하게 증언하면서 한동대학교의 글로벌 인재 육성의 배경을 말한다. 유교의 인성 교육, '은혜에 빚진 자'라는 기독교 신앙, 그리고 커다란 창조의 이치를 지향하는 합리적 관점이 그 배경이 되었음을 말한다. '예를 안다'라는 의미를 가진 지례(知禮) 마을의 "어리석어도 좋으니 어질어라"라는 가훈의 인성 교육, "공부해서 남 주자"라는 빚진 자의 믿음이 글로벌 인재 육성의 초석이 되었음을 밝히고 있다.

이 바탕 위에서 한동대학교의 인성 교육, 창의력 교육, 전인교육의 틀이 세워졌다. 이 교육 모형은 글로벌 인재 육성 교육 모형으로 세계의 주목을 받고 있다.

사익을 넘어 공익을 생각하는 마음, 자발적으로 협력하는 태도, 너와 내가 떨어질 수 없는 하나라는 의식이 세계시민의식의 바탕이 된다. 세계시민의식은 우리나라를 선진국의 대열로 이끄는 힘이 되고 있다. 글로벌 인재 육성의 길은 이 길을 말하고 있다.

이종재 서울대학교 명예교수, 전 한국교육개발원장

포항의 북쪽 작은 읍 흥해에 한동대학교가 있다. 이 시골에 짧은 역사를 가진 작은 대학이 온 세상을 향해 '교육은 이렇게 하는 것'이라는 모범을 보이고 있다. 그 모델이 성공적이라는 것은 졸업생들을 통해 이미 훌륭히 증명되었다.

이것은 김영길 한동대학교 초대 총장의 교육 철학과 리더십이 이루어 낸 기적이다. 김영길 총장은 포항공과대학교를 세계적인 명문 대학교로 만든 또 하나의 기적의 주인공 고 김호길 포스텍 초대 총장의 친동생이다. 두 사람이 다 과학자인데, 통념상 과학자의 틀을 벗어난 남다른 안목을 가졌기 때문에 이런 일을 할 수가 있었다고 나는 생각한다.

그 남다른 안목이란 그들의 고향 지례 마을에 대대로 전해 오는 선비 정신이다. 지례는 자고로 '현자가 반이고 숙맥이 반'이라고 했다. 지금도 지례 사람들은 이 말을 자랑스럽게 생각한다. '숙맥'이란 '바보'라는 뜻인데, 두 가지 의미가 있다. 오직 학문에만 열중해서 세상 사는 일에는 어둡다는 뜻도 되고, 또 한편으로는 이해를 밝히지 않아 손해 보는 일에 크게 개의치 않는다는 뜻도 된다.

나의 조모는 김영길 총장의 증고모로, 1903년 흉년이 들자 집 밖에 가마솥을 내어 놓고 죽을 끓여 배고픈 이들에게 나누어 준

일이 있다. 그때 손톱이 빠질 만큼 뜨거운 죽을 많이 펐지만 태중에 있던 아버지는 허약체로 태어날 만큼 조모는 자신을 돌보지 못했다. 조모도 지례의 숙맥이었던 것이다.

김 총장의 조부이신 수산 김병종 선생은 당대 영남의 대표 학자였으며 퇴계 선생의 학통을 이어받은 분이다. 수산 선생을 위시해서 당시 영남 선비의 가정 교육은 입신출세가 아니라 사람 되는 법과 세상을 바로잡는 법을 가르치는 것에 바탕을 두었다. 형제 총장이 대학을 경영하면서 사람이 사람답게 사는 인격 교육을 중시한 원인이 이러한 가학(家學)에서 비롯된 것임을 이해할 수 있다.

현재 학교에서 가르치는 인성 교육이 효과가 적은 것은 역사나 수학처럼 지식으로 가르치기 때문이다. 인성 교육은 반복 훈련해서 습관으로 만들고 일상생활 속에서 실천하게 함으로써 몸에 배게 해야 한다.

한동대학교에서는 이것이 이루어지도록 제도를 만들어 참 인성 교육을 실천했다. 전교생이 기숙사 생활을 하되 각종 프로그램을 도입해 공동체 생활을 배우고, 교수 1명과 약 35명의 학생들이 작은 그룹을 이루어 학교생활의 문제들을 토론하고 협동하면서 세상 사는 법을 몸으로 익힌다. 학교는 학생들을 일률적으로 가르쳐 사회로 내보내는 것이 아니라 세상에서 필요로 하는 재목을 기른다. 영어, 컴퓨터 공부는 물론 본인이 원하는 전공과 복수 전공을 자유롭게 선택해 앞으로 할 일에 자신감을 갖게 한다. 무감독 양심 시험 제도를 도입해 온전히 믿을 수 있는 사람을 기르고, 대학답게 미래를 대비하는 창의성 교육과 안목을 넓혀 글로벌 교육에 역점을 둔다.

가만히 생각해 보면 이것이 참교육인데, 왜 남들은 못하고 김 총장이 할 수 있었을까? 이 눈치 저 눈치 보지 않고 옳다고 믿는 일을 소신대로 해 냈기 때문일 것이다. 바로 숙맥의 소치이다.

많은 사람에게 이 책을 읽으라고 권하고 싶다. 교사들과 부모들은 참교육에 대해 얻는 바가 있고, 일반 사람들은 더 나은 교육 패러다임에 대해 새로운 시각을 갖게 될 것이다.

이 책에서 김 총장은 기독교 신앙에 많은 지면을 할애했다. 기독교 신자가 아닌 나는 과학자가 크리스천으로 변하는 과정을 흥미롭게 읽었다. 그가 현재의 성과를 이루는 데 종교의 힘이 절대적이었음에 의심할 여지가 없다.

오래전이지만 김호길 박사와 나는 "영길이는 숙맥이다"라고 합의한 일이 있다. 김 총장이 개인 이익에 전연 개의치 않고 순수한 마음으로 인류에 공헌, 봉사하는 것을 보면 과연 그는 '숙맥 중의 숙맥'이라는 느낌이 든다.

"공부해서 남 주자"라는 김 총장의 교육 철학은 "세계를 위한 참된 숙맥이 되자"의 다른 말일 것이다. 이 책을 읽고 앞으로 더 많은 숙맥이 나오기를 바란다.

이용태 삼보컴퓨터 명예회장, 퇴계학연구원 이사장

새로운 교육 운동인 '전인적 세계시민교육'에 대해 뜨거운 열정과 공동의 비전을 나누고 협력해 주신 모든 분께 깊이 감사드립니다. 특히 나의 동역자이자 한동대학교 현 총장인 장순흥 박사께 감사드립니다. 한동대학교 이사장이신 이재훈 목사님과 김희준 Meridien DNI 대표, 최창걸 고려아연㈜ 명예회장과 부인 유중근 전 대한적십자사 총재, 이순규 대한유화㈜ 회장, 이승훈 님과 그의 모친 이영숙 여사께 큰 감사를 전합니다. 또한 유엔아카데믹임팩트(UNAI) 한국협의회 팀과 박원곤 사무국장, 황윤희 사무차장께도 감사드립니다.

교육 철학을 담은 이 책을 편저하면서 개인적으로 감사의 인사를 전하고 싶은 분들이 있습니다. 먼저 나의 가족, 아내 김영애를 비롯해 아들 김호민과 며느리 이정민, 딸 김종민과 사위 박요셉, 그리고 사랑하는 손주들인 클레어, 크리스챤, 한나, 지나에게 늘 고맙다는 말을 전합니다. 또한 조카 김호원과 김호태, 그리고 종손녀 김보규에게도 고마움을 전합니다. 이 책에 《신트로피 드라마》의 많은 부분을

인용할 수 있도록 기꺼이 도움을 주신 데 대해 온누리교회 고 하용
조 목사님의 아내이신 이형기 두란노서원 원장님과 아들 하성석 님
께도 특별한 감사의 뜻을 전하고 싶습니다.

공부해서 남 주는
교육을 위해

'교육'이라는 의미의 영어 단어 '에듀케이션'(education)은 '기르다'라는 뜻의 라틴어 '에두카티오'(ēducātiō)에서 유래했다. 나는 교육의 가장 큰 목적이 훌륭한 세계시민으로서 품격을 지닌 인재를 양성하는 일이어야 한다고 믿는다. 교육은 단순히 기술을 가르치고 지식을 전파하는 도구가 아니다. 지속 가능한 미래를 설계하고 추구할 수 있도록 사람들에게 힘을 부여하는 통로이다.

오늘날의 교육은 종종 개인과 국가의 발전을 위한 수단에 그치고 만다. 하지만 확신하건대, 교육은 우리의 미래를 위한 중요한 기반이다. 35년간 고등교육 분야에 헌신한 후 이제 교육의 최일선에서는 물러났지만, 아직도 내 마음속 뜨거운 열정은 식지 않았다. 그러므로 인생의 황혼에서 회고의 의미로 이 책을 펴내는 것이 아니다. 나는 여전히 21세기 교육 혁신에 대해 갈증을 느끼고 있고 참교육에 대한 내 열정도 그대로다.

나는 20세기 청장년 시절의 상당 부분을 과학과 교육 분야에 뛰

20

어들어 남다른 길을 걸어왔고, 지금까지 수십 년의 경험을 바탕으로 이제 새로운 도약을 꿈꾸며 계획하고 있다. 대한민국을 넘어 세계를 향한 교육 실험이 바로 내가 꾸는 꿈이다. 나는 이것을 '세계시민교육'이라고 부른다.

그 바탕에는 내가 나고 자란 곳, 지례동 양동댁에서 출발한 참교육이 자리 잡고 있다. '지례'라는 안동 산골짜기 작은 마을에 뿌려진 참교육의 씨앗이 바람에 날려 흩어지는 민들레 씨앗처럼 세상 구석구석으로 널리 확산되는 모습을 보고 싶다. 이것이 내 인생의 목표이자 이 책을 쓴 동기이다. 책의 제목을 처음에는 "지례에서 세계로"라고 정하고자 했던 이유도 이 때문이다.

이 책에서 나는 퇴계 이황 선생의 학풍을 이어받은 조부 김병종 선생이 품으셨던 교육 철학과 비전이 부친 김용대 선생을 거쳐 내게 이르기까지 어떻게 전수되었는지 소개하고자 한다. 조부의 양자로 들어온 부친 운전 김용대 선생은 개방적이고 실천적인 교육을 시행하셨고, 그 결과 형님 김호길은 포항공과대학교(현 포스텍) 초대 총장이 되고 나는 한동대학교 초대 총장이 되었다.

요컨대 수산 김병종 선생의 폭넓은 혜안의 말씀과 운전 김용대 선생의 선구자다운 개척 정신이 후대에 전수되어 새로운 교육의 지평을 열었다. 이러한 지평은 또한 정보 기술을 중심으로 하는 21세기 글로벌 시대로 이어지고 있다.

지례동 양동댁의 우리 두 형제는 이처럼 풍부한 유학 정신을 배경으로, 고등교육에 대한 철학을 전문적으로 구체화시켰다. 그러고 보면 우리 두 형제는 모두 생애의 전반기는 과학자로, 후반기는 교육자로 헌신했으며, 과학자로서 각자의 분야에서 상당한 영향력을 끼칠 수 있었다.

포항공과대학교와 한동대학교, 두 대학의 성격은 다르지만 신설 대학의 초대 수장을 맡아 당시의 교육 환경에서는 가히 파격이라 할 만한 참신한 교학 시스템을 구축함으로써 한국 교육계에 화제를 불러일으킨 부분에서도 유사한 길을 걸었다. 우리는 과학자로서의 삶과 교육자로서의 삶을 분리해서 보지 않았다. "과학자는 곧 교육자여야 한다"는 지론을 품고 있었다.

형님 김호길 박사는 유학 정신을 과학과 통합하는 한편, 나는 유학 정신과 과학을 기독교 정신과 통합했다. 크리스천 과학자이자 교육자로서 새로운 교육 방향을 수립하고 이를 한동대학교에 뿌리내리도록 했다. 철저하게 전인교육 방식을 고수했다. "공부해서 남 주자"
는 한동대학교의 교육 틀을 구축하는 동안 마음에 깊이 새겨 두었던
구호이다. 한동대학교로 가기로 결심했을 때 내게는 크리스천 전인
교육에 대한 사명감이 있었다.

"무질서, 즉 엔트로피(Entropy)의 잔재 속에서 신트로피(Syntropy)를
통해 새 하늘과 새 땅을 재건할 수 있다."

하나님은 이 땅의 무너진 도덕과 지성을 회복할 21세기 느헤미야를
교육하고 훈련하도록 한동대학교의 설립을 허락하셨다.

한동대학교에서 20년을 헌신하고 삶의 큰 장을 마무리한 지금, 나
는 글로벌 전인교육을 위한 새로운 도전과 방향과 틀을 모색하고 있
다. 근래 유엔(UN)과 유네스코(UNESCO) 같은 명성 있는 국제기구와
의 협력 아래 더욱 장대한 규모의 교육 실험을 시도하고 있다. 이는
'세계시민교육'의 자립성, 혁신성, 총체성 개념으로 귀결된다. 국경
을 초월한 세계시민교육은 실제로 21세기의 보편 관심사이다. 이것
은 동양 전통의 정신문화와 합리성을 중시하는 서구 문화를 상호 보
완해 오늘날 세계가 직면하고 있는 중요하고 복잡한 문제의 근본 원
인을 해결하기 위한 시도이다.

국제사회는 이전에 경험하지 못한 새로운 문제, 즉 기후 변화에 따
른 생태계 파괴, 윤리와 도덕의 붕괴, 청정에너지 문제, 절대 빈곤과
상대 격차, 테러와의 전쟁 등에 시달리고 있다. 본질상 이러한 문제

의 해결책은 새로운 교육이다. 모든 문제의 중심에 사람이 있기 때문이다. 사람은 문제를 만들기도 하지만, 문제 해결의 주체이기도 하다. 따라서 세상을 변화시킬 근본 해결책은 세계시민교육을 통해 사람들의 마음을 변화시키는 것이다.

21세기 교육은 창의성 있는 지식 교육과 함께 정직과 성실, 책임을 훈련하는 인성 교육, 지(智)·덕(德)·체(體)의 전인교육을 포함한다. 특히 세계와 더불어 사는 세계시민의식 등을 포괄하는 총체적 교육(Holistic Education)으로, 이것은 2015년 9월 26일 유엔이 정한 17개의 '지속가능발전목표'(Sustainable Development Goals, SDGs)를 이룩하는 데 기여할 수 있어야 한다.

세계시민교육의 필요성을 바탕으로 유엔, 유엔아카데믹임팩트(UNAI), 여러 국제기구 및 대학들과 더불어 협력의 폭을 넓히기 위해, 나는 유엔아카데믹임팩트 한국협의회에 합류했다. 세계시민교육에 대한 보다 발전된 접근 방안을 모색하기 위해, 2017년에는 한동대학교에 반기문UNAI글로벌교육원(Ban Ki-moon Global Education Institute in Support of UNAI, GEI) 건립을 시작하고 '전인적 세계시민교육'*을 홍보해 왔다.

전인적 세계시민교육의 핵심 가치는 정직, 성실, 책임과 같은 인성 함양을 통한 글로벌 역량 강화이다. 이는 인간의 마음을 변화시키

---

* '전인적 세계시민교육'이란 지식 교육에 치우치지 아니하고 사람의 인성, 지성, 영성을 모두 조화롭게 발달시키는 것을 목적으로 하는 교육이다.

고, 나아가 무질서한 혼돈의 엔트로피 세상을 조화롭고 정연한 신트로피 세상으로 바꿀 수 있는 유일한 방법이다.

우리는 4차 산업혁명 시대에 살고 있다. 새로운 혁명이 더 편리한 세상을 만들 수 있을지는 몰라도, 인류의 행복과 평화에 직결된 더 지속 가능한 세상을 만들 수는 없다. 부디 세상을 올바른 방향으로 이끌 세계시민을 육성하기 위해 GEI가 전인교육 발전에 큰 디딤돌이 되기를 소망한다. 또한 세계가 직면한 다양한 문제들이 해결되고, 왜곡되어 있던 창조 질서가 조화롭고 정연한 본연의 모습으로 회복되기를 바란다.

이 책은 2014년 1월 한동대학교 총장직에서 은퇴한 후 쓴 글과 1994년 4월 불의의 사고로 타계한 셋째 형님 김호길 포항공과대학교 초대 총장과 관련한 글, 형님을 회상하면서 쓴 글, 조부모님께 물려받은 가훈과 교육 비전 등을 모아 편집한 글들로 이루어져 있다. 형님에 관한 글은 김호길박사기념사업회에서 발간한 《무은재 김호길 전집》에서 대부분 발췌했고, 조부 수산 김병종 선생에 관한 글은 부친께서 쓰신 《수산문집》에서 발췌했다.

2018년 5월 서울에서

김영길

내가 태어나고 자란 안동 지례의 본가

1부

지례에서 배운
참교육의 시작

1

어리석어도 좋으니 어질어라

"어리석어도 좋으니 어질어라."

우리 집안 대대로 내려오는 이 가르침은 내 인생의 소중한 교훈이다. 아버지는 자기 이득과 욕심에 영특해서 남을 배려할 줄 모르는 사람보다는 콩과 보리도 잘 구별 못하는 숙맥불변(菽麥不辨)의 바보가 되어도 차라리 정직하고 어질게 살 것을 가르치셨다. 사리사욕만 추구하고 남을 배려할 줄 모르는 사람보다 좀 어수룩해도 어진 사람으로 살기를 원하셨다.

그러고 보면 내 고향 안동 지례 마을은 숙맥들이 많이 살던 곳이다. '지례'는 원래 한자로 '예를 안다'(知禮)는 뜻이다.

우리 동네는 태백산 줄기가 첩첩이 굽어지는 낙동강 지류에 약 60여 가구가 모여 살던 집성촌이었다. 봉우리로 둘러싸여서 해 뜨는 시간은 늦고 해 지는 시간은 빨라 낮이 짧았다. 마을 사람들은 경치 좋은 자연에서 순박하게 살았고, 대개 조상 때부터 밭농사나 학문에 전념했다.

심심산골에서 어떻게 학자들이 많이 배출될 수 있었느냐고 의아해서 묻는 사람들에게 호길 형님은 "지례는 앞뒤가 산으로 꽉 막혀 있어 공부밖에 할 줄 모르는 숙맥들만 살기 때문에 그렇지요"라고 웃으며 대답하기도 했다.

1960년대 서울대학교 재학 시절, 숙식을 해결하기 위해 3년 정도 가정교사를 한 적이 있었다. 내가 가정교사로 있던 가정에서 학비를 전부 대 주었고 유학길에 오를 때는 항공료까지 지원해 주었다. 학생의 부모님이신 고 이정호 전 대한유화(주) 명예회장과 부인 장경숙 여사께 정말 감사했다. 마침 두 분의 고향이 이북인지라 우리 집을 고향 삼도록 방학이 되면 나는 그 학생을 종종 시골집으로 데리고 갔다.

어느 겨울 방학, 학생 집에서 굴비 한 두름을 부모님께 드리라고 챙겨 주셨다. 버스도 아예 들어오지 않는 깊은 동네인지라,

우리는 안동 시내에서 버스를 내려 재도 넘고 개울을 건너 시골 논둑길을 따라 10리도 넘는 길을 걸었다.

집에 도착해 보니 어깨에 걸친 굴비 줄에 굴비들이 거의 다 사라지고 겨우 몇 마리만 남은 것이 아닌가. 먼 길을 걷는 동안 굴비가 한 마리씩 빠져나간 것이 틀림없었다. 낭패스러웠다!

그런데 그날 저녁이 되자 마을 사람들이 굴비를 하나씩 들고 집으로 찾아왔다. 마침 장날이라 시내에 다녀오신 동네 어르신들이 논둑길에 떨어져 있는 굴비를 보고, 방학을 보내러 서울에서 내려온 양동댁 넷째 아들과 그의 학생 손님이 들고 온 굴비라 생각해 주워 왔다고 하셨다. 덕분에 잃었던 굴비들을 거의 다 회수할 수 있었다. 요행을 바라지 않고 자신의 소유가 아닌 것은 취할 줄 모르는 욕심 없는 동네 사람들의 순박함이 아직도 내게 훈훈한 추억으로 남아 있다.

사실 우리 집안 식구들은 모일 때면 자신의 어리석은 실수담을 드러내면서 자신에게도 숙맥기가 있다고 유쾌하게 인정한다. 이런 대화를 나눌 때면 항상 빠지지 않고 등장하는 이야기가 있다. 아들 호민이 미국으로 대학 유학길에 오르던 날의 일이다. 그날 큰 태풍으로 엄청난 폭우가 쏟아져 올림픽대교가 잠겼다.

행여나 비행기 탑승 시간을 놓칠까 마음을 졸이며 막힌 길을 돌아 겨우 공항에 도착했다.

온 친지가 배웅을 앞두고 출국장에 모인 자리에서 아들은 여권 수속 직전에 "아빠, 어떡해요. 여권을 안 가지고 왔어요"라고 말했다. 가족들이 다 놀라 사색이 된 바로 그 순간, 할아버지가 웃으며 "허, 그 녀석…. 숙맥기가 있는 걸 보니 과연 우리 집 자손임이 틀림없네!"라고 하셔서 분위기가 반전되었다. 집안의 제일 큰 어른이신 할아버지가 어처구니없는 손자의 실수까지 용납하고 배려하신 덕분에 가족들의 놀란 마음은 유머로 진정되었다. 분명 손자도 이날의 사건을 큰 교훈으로 깊이 새겼으리라.

과학자의 꿈, 교육자의 길

깊은 산골 마을에 살던 나는 10살이 될 때까지 자동차를 한 번도 보지 못했다. 교과서에 실린 그림으로 모형 비행기를 처음 접했을 뿐이다. 하지만 이때부터 내 손으로 직접 비행기를 만들겠다는 꿈을 꾸기 시작했다. 비닐우산의 대나무 살을 이용해 비행기 날개 틀을 만들고, 프로펠러를 가볍게 하려고 미루나무를 깎아서 말린 뒤 그것을 사용해 직접 모형 비행기를 만들기 시작했다.

그런데 프로펠러가 틀어져 있어야 바람을 일으킬 수 있는데다가 바람의 흐름을 최대한 잘 타려면 틀어진 각도도 커야 한다. 나는 프로펠러를 틀어 보겠다고 날카로운 칼을 사용하다가 그만 왼손 엄지 아래를 다쳤다. 내 왼손 엄지 아래에는 어언 반세기가 지나도 지워지지 않은 긴 흉터가 아직 남아 있다. 숫돌에 간 날카로운 칼로 나무를 깎던 운명의 날, 손이 미끄러지면서 그만 나무가 아닌 왼손을 깊숙이 찌르는 바람에 생긴 깊은 상처이다. 무려 50대가 넘는 비행기를 만들었으나 실제로는 단 하나도 하늘을 날지 못했다. 그렇지만 이 흉터는 오늘날까지 영광의 상처로 남아 있다.

비행기를 만들겠다는 어릴 적 꿈은 30년 후 미국항공우주국(NASA)에 들어가고 싶다는 꿈으로 이어졌다. 비행기 제트 엔진 터빈 날개에 사용되는 새로운 초내열 합금을 발명하겠다는 바람으로 전공도 금속재료공학을 택했다.

석사를 마치고 NASA에서 일하고 싶다는 열망으로 우주항공 신소재 분야의 초내열 합금 최고 권위자를 찾았고, 뉴욕 트로이에 위치한 RPI 공과대학(Rensselaer Polytechnic Institute, 1824년 개교한 미국 최초의 공과대학)의 노만 스톨로프(Norman Stoloff) 박사를 만나게 되었다. 박사 과정을 마칠 때까지 스톨로프 박사로부터 따로 특별한 지도를 받지는 못했지만, 그를 통해 스스로 독창성 있는 연구를 기획하고 수행할 수 있는 능력을 배양할 수 있었다.

1973년, 드디어 NASA 연구원이 되었고, 발명상을 2회 수상했다. 연구 단계의 발명에 그치지 않고 실제로 최첨단 기술에 적용해 보고자 1976년 세계 최대 니켈합금 회사인 INCO에 입사했고, 비행기 제트 엔진에 사용되는 니켈기 초내열 합금 MA6000E를 개발했다. 그 결과, 미국 산업 연구 발명상 IR-100을 수상했다. 날지도 못하는 모형 비행기를 50개나 만들던 산골 소년이 흉터 남은 손으로 열정을 다해 꿈을 이루어 세계 최고 기술의 비행기 제트 엔진 소재를 발명하고야 말았다.

1979년 귀국 후 카이스트 교수로 재직하면서 당시 과학기술처 최초의 국책 과제로 풍산금속㈜과 함께 반도체 리드프레임 특수 구리합금 PMC-102를 발명해 미국 반도체 회사에 수출했다. 이후 PMC-102 제조 기술을 독일의 스톨버거(Stolberger) 구리합금 회사로 수출했고, 이는 선진국에 수출한 우리나라 기술 제1호로 기록되었다. 그 결과 1982년 국민훈장 동백장을, 1986년

세종문화상 과학 부문 상을 수상했다. 1987년에는 고강도 고인성 텅스텐을 함유한 W-250을 발명해 1987년 '올해의 과학자상'을 수상하게 되었다.

나는 후진 양성과 더 많은 연구를 위해 카이스트 교수로 일하면서 과학자로서 값진 시간을 보냈다. 제자들을 가르치고 실험실에서 함께 연구하며 카이스트에서 과학자로서의 삶을 계속 살아가리라 생각했다. 가족과 친구를 비롯해 주변 지인들 또한 이것이 내 길이라 생각했으리라.

하지만 1994년, "새롭고 참된 기독교 대학을 세우라"라는 하나님의 부르심이 들려왔다. 이 부르심을 따라 앞이 보이지 않는 안개 덮인 길을 향해 발걸음을 내디뎠다. 무모해 보였지만, 견고한 믿음을 요구하시는 하나님의 부르심에 나는 강력하게 이끌렸다. 바로 1995년 포항에 개교한 한동대학교(HGU, www.handong.edu)의 총장으로 오라는 초청이었다.

그로부터 약 20년이 지난 2014년 1월 31일, 한동대학교 총장으로서의 직무를 마쳤다. 돌아보면 참으로 숨 가쁘게 달려온 세월이었다. 감옥에 갇히기까지 하는 등 수많은 도전의 세월이기도 했다. 그리스도 중심의 고등교육 기관을 세우고 21세기의 필

요에 부응하는 신(新)고등교육 모델을 개척하기 위해 걸어온 길
에는 시련과 고난이 함께했다. 하지만 이때가 내 인생에 있어 가
장 보람된 시기 중 하나였다는 사실 역시 부인할 수 없다.

2

지례동 양동댁

얼마 전 모처럼 여유 시간을 내어, 약 20년 전 부모님은 모두 떠나시고 이젠 큰형수님이 홀로 지키고 있는 고향 집을 찾았다. 그동안 학교 일과 여타 대외적인 일로 인해 여유 있게 안동의 고향 집을 방문하지 못했다. 우연히 안동 지역에 강연이나 모임이 있을 때 잠깐 들르는 수준일 뿐, 들어서면 떠나기 바쁜 발걸음이었다.

고향 집은 350년 연륜이 쌓인 고택이다. 이름 하여, 지례동 양동댁이다. 양동댁은 경상북도 문화재 민속자료 58호로 지정되어 있다.

350년 고택 '양동댁', 1663년 건축, 낙동강 댐 건설로 1990년 지례에서 임하로 이건

집안 이곳저곳을 돌아보며 상념에 잠겼다. 문득 오랫동안 잊고 있던 고향 집과 관련한 사연들이 주마등처럼 스쳐 지나갔다.

'아, 이곳이야말로 내 꿈의 산실이자 삶의 방향을 가리켜 준 곳이구나.'

외관상 너무나도 익숙하고 평범하게 생각했던 고향 집이 결코 예사로운 곳이 아님을 새삼 깨닫게 된 순간이었다.

고향 집 양동댁은 조선 현종 4년(1663년)에 건축되었다. 하지만 임하댐이 건설되면서 수몰로 인해 지례에서 임하 마을로 옮기게 되었다. '지례동 양동댁'은 경주 양동 회재 이언적 선생의 후손인 이귀복(나의 어머니)이 수산 김병종 선생의 아들 운전 김용대(나의 아버지)와 결혼해 안동 지례동으로 시집왔기에 붙여진 이름이다.

첩첩산중, 심산유곡에 있는 마을이었다. 마을 사람들이 농담으로 "임금도 하마(下馬)를 해야 들어올 수 있다"고 하던 그곳. 언론과의 인터뷰에서 여러 번 이야기한 바 있듯이, "자동차보다 비행기를 먼저 보았다"고 할 정도의 오지였다. 비록 지금은 양

아버지,
운전 김용대(1907-1996)

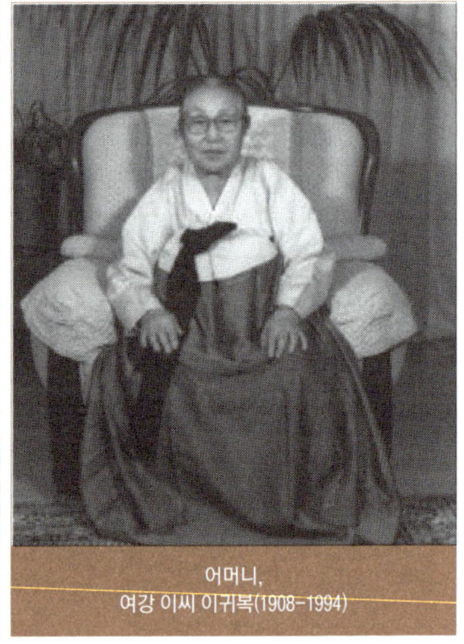

어머니,
여강 이씨 이귀복(1908-1994)

동댁이 임하 마을로 이전되었지만, 내 생각은 세월을 거슬러 지례 마을 시절 속으로 달려가고 있었다.

학문과 교육으로 이어진 세대

지금으로부터 350여 년 전, 현종-숙종 연간에 지례 마을에 자리 잡은 입향조(순포 김방형)는 위대한 유학자 퇴계(退溪) 이황 선생으로부터 유래한 퇴계학을 매우 가치 있게 여겼다. 퇴계학의 맥과 풍부한 정신은 조부와 부친께로 이어졌다. 나는 퇴계학에 관한 여러 문집과 전해 오는 풍문을 통해 누대에 걸쳐 지례동 양동댁에서 삶을 영위해 온 선조들의 삶을 반추해 볼 수 있었다. 그분들은 유교의 가치 위에 마을을 일구면서 서로를 깊이 존중하고 학문과 교육을 통해 다음 세대를 이어 가는 삶을 사셨다.

아버지 운전 김용대(雲田 金龍大)는 일제 치하 독립운동가로 활동하셨던 학봉 지파 심대 김세동(心臺 金世東, 1870-1942)의 막내아들로 태어나, 12살 되던 해에 20여 촌이 넘는 지례의 수산 김병종(秀山 金秉宗, 1871-1931)의 양자로 오셨다. 이후 지례에서 4남 4녀의 자녀들을 낳고, 1996년 별세하셨다.

생가 조부 심대 김세동은 학봉 김성일의 12세손이시다. 어려운 형편에도 불구하고 당시에 독립운동가로 일제에 항거하기를 두려워하지 않으셨지만, 독립운동 자금 조달로 재정이 어려워지자 가까운 친척들과 함께 안동군 서후면 검제 마을을 떠나 안동군 일직면 원호동으로 거처를 옮기셨다.

생가 조부님은 국내에서 독립운동을 했을 뿐 아니라 독립군의 자금 조달을 위해 여러 지역을 왕래하면서 활동하셨다. 독립군의 자금을 조달하고 독립운동을 위해 무기를 제조한 혐의 등

중앙에 아버지(1907-1995)가 계시고, 셋째 형님(1933-1994)과 지금은 UC버클리에서 박사 과정을 공부하고 있는 형님의 손주, 그리고 내가 1992년 함께 찍은 사진

으로 일곱 번이나 옥고를 치르기도 하셨다. 생가 증조부이신 취석 김병락도 안동군 예안면 일본군 분파소 습격 사건 등 의병 활동으로 10년간 옥고를 치르셨다. 이에 따라 조부님과 증조부님 모두 1993년에 건국 훈장 애국장이 추서되었다.

양가 조부 수산 김병종은 청계대조의 장남인 약봉부군의 12세 손으로, 일찍이 학문에 온 힘을 쏟아 퇴계의 정신과 학문을 정통으로 이은 성리학자로 성장하셨다.《성학속도》(聖學續圖),《문소가례》,《학림통독》 등의 저서를 남기셨으며, 조선 말기 퇴계의 정맥으로 우뚝한 서산 김흥락 선생의 수제자 중 한 사람으로 안동 유림, 나아가 영남 유림에서 인정하는 당대의 이름 있는 유학자셨다. 특히《성학속도》는 퇴계 선생의《성학십도》를 뒤이어 성리학의 정밀한 이론을 도식화해 정리한 저서로 학자들의 주목을 받고 있다.

그러고 보면 나는 비록 시대의 환경이 너무나 다른 세상에서, 겉으로 보기엔 이른바 과학자로서 어린 시절 동경의 대상이었던 비행기라는 것을 타고 외국을 이웃집처럼 넘나드는 세련된 삶을 살아온 것 같지만 나의 정체성이라고 할까, 내 정신의 DNA는 바로 이곳 지례동 양동댁에서 일찍이 형성된 것이 아닐까 생각한다.

나는 과학자의 길을 선택했지만, 흔히들 과학을 홀대했다고 평가하는 조선의 역사와 유교 전통에 대한 유감 때문은 아니었다. 오히려 치국과 평천하에 앞서 '인격 수양'을 강조하는 유교 전통(특히 퇴계학의 정신)을 안고서 과학의 길로 나아갔다. 이러한 선택은 급변하는 전환기의 시대정신에 맞춰서 교육을 통해 산간 오지 마을에 외래 문물을 수용하고자 하셨던 아버지의 유연하면서도 과감한 실천 유학 정신에 힘입었다고 할 수 있다.

또 하나 나의 정체성에 깊이 영향을 끼친 요소는 기독교 정신이다. 많은 사람이 유교와 기독교의 반목을 말하지만, 나는 기독교의 가르침이 지례동 양동댁의 전통에 크게 어긋난다 생각하지 않는다. 오히려 내가 기독교에 경도될 수 있었던 이유는 유교, 특히 퇴계학이 가진 일말의 종교적 메시지(하늘 사상)를 기독교에서 발견했기 때문이다. 퇴계학의 맥을 이은 조부의 문집을 다시 읽으면서 기독교의 맥락을 발견하고 놀란 일이 있다.

내 고향 집 양동댁이 전해 주는 남다른 이야기를 회상할 때 또한 사람 결코 빼놓을 수 없는 인물이 있다. 셋째 형님, 20여 년 전 내가 포항의 한동대학교로 부임하기 1년 전에 불의의 사고로 유명을 달리한 고 김호길 포항공과대학교 초대 총장이다. 호길 형님은 나보다 6살 연상이다. 형님 역시 과학의 길을 가면서도 전통의 끈을 놓지 않았으며, 결코 고향의 정신을 잊지 않았다. 소싯적에는 인문학(퇴계학)에 뜻을 두었으나, 6·25전쟁의 폐허를 딛고 일어나 나라를 재건하려면 과학기술이 절실하다고 생각해 서울대학교 물리학과(핵물리학 전공)로 진학했다.

호길 형님은 젊은 퇴계의 정신을 안고 대서양(영국)과 태평양(미국)을 넘나들며 지식인으로서의 소양을 넓혔다. 그리고 1969년 대한민국 국적과 여권을 가진 사람으로는 최초로 구소련을 방문하면서, 당시 36세였던 형님은 조국의 미래를 위해 끊임없이 지식을 연마하겠노라 이를 악물었다. 오래도록 해외 생활을 하면서도 그에겐 한결같은 다짐이 있었다.

"나의 지식과 견문이 무르익는 날, 내 기필코 고향에 돌아가리라."

때가 되자 그는 주저 없이 자신과의 약속을 지켰다. 1983년 50세가 되었을 때 마침내 귀국해서는 과학기술계와 교육계에 누구도 예견하지 못했던 신기원을 이룩했다. 당시로서는 한국 최고의 과학 대학교인 포항공과대학교를 설립했던 것이다.

지례의 작은 산골 마을을 생각하면 아직도 놀랍다. 왜 나의 선조들은 350여 년 전 이 외딴곳으로 찾아 들었을까? 아마도 선조들은 '산 속에 홀로 있어도 천하를 생각한다'는 깊은 유교 신념이 있었기에 이토록 외딴곳에 터를 잡을 결심을 했는지 모른다.

누대를 이어 오면서 때를 기다리고 있었을 선조들의 모습을 상상해 본다. 조선 시대에서 일제를 거쳐 대한민국으로 시대가 변했지만, 그분들이 심산유곡 지례에 뿌린 씨앗은 결코 헛되지 않았다.

현대는 과학의 시대이다. 이러한 정통 유교 집안에서 명망 있는 과학자요 교육자 형제를 배출한 예가 있을까? 또한 공교롭게도 두 사람은 색깔이 다른 두 신설 대학의 초대 수장으로서 당시로서는 파격에 가까운 과감한 '교육 실험'을 했고, 무엇보다 성공적인 업적을 이끌어 냈다.

안동 지역은 물론이고 전국 방방곡곡에 다양한 고택이 있다. 각각의 마을도 저마다 의미 있는 사연을 간직하고 있으리라. 하지만 세계의 석학으로 우리나라 대학 교육의 혁신을 선도한 두 형제 대학 총장을 한 마을에서, 더욱이 한 가정에서 배출했다니,

고향 집 지례동 양동댁이 이 시대에 주는 메시지 역시 특별하다고 생각한다. 유교, 전통, 현대의 교육, 과학, 그리고 기독교…. 어쩌면 지례동 양동댁은 지금 우리에게 아주 민감한 주제를 던져 주고 있는지도 모른다.

3

21세기 글로벌 세상을 위한
전인교육의 길 개척

지산서당에서 교육자로

아버지는 전통 유교 문화가 풍부한 작은 마을 지례에 양자로 온 후 근대화 교육에 큰 관심을 두고 일생을 헌신하셨다. 뿌리 깊은 유교 가문의 전통을 자랑하는 집안에서 한학을 한 아버지가 지례 마을에서 자라나는 젊은이들에게 신학문을 가르치기로 결심하게 되신 계기가 있었다.

아버지는 20대 한 시절에 바깥세상을 유람할 기회가 있었다 당시는 1930년대였는데, 아버지는 하루가 다르게 세상이 변하고 있음을 목격했고 이로 인해 신학문 교육을 결심하셨다. 덕분에 나는 산간 오지에서 자라면서도 신학문의 세례를 받을 수 있었다.

120년 동안 전통에 따라 한문만 가르쳤던 지산서당(芝山書堂)에서도 국어와 산수 같은 새로운 과목들을 가르치기 시작했다. 한글을 배울 기회도 장소도 없었던 당시 상황을 개선하기 위해, 아버지는 한글을 가르치는 학교를 세우는 데 헌신하셨다. 지산서당은 간이학교였던 시절에는 교실로, 길산국민학교가 개교했을 때는 교무실과 숙직실로 사용되었으며, 그 후 교실 2개를 그 옆에 신축하면서 교사로 사용하게 되었다.

그러나 일제 당국이 한글 교육을 실시하던 지산서당을 핍박하면서 지산서당은 점점 쇠퇴했다. 이로 인해 지산서당은 야학 교육을 실시하며 '사설학술강습소 지례학원'으로 이름을 바꾸게 되었다. 당시 집안 어른들로부터 왜 한문만 가르치지 않고 국어와 산수, 일본어까지 가르치느냐며 꾸지람을 듣기도 했지만, 아버지는 계속 국어와 산수를 함께 가르치는 일을 포기하지 않으셨다.

일본 사람들은 일본어만 가르치라고 강요했지만, 지례학원은 끝까지 국어와 산수 등을 함께 가르쳤다. 결국 일본 경찰서장은 지례학원을 폐쇄했다. 그렇지만 폐쇄되었던 지례학원은 아버지의 노력으로 1940년 '지례간이학교'로 승격되었다.

안타깝게도 길안면 소재지에 있던 길산국민학교의 일본인 교장이 지례간이학교 교장을 겸임하게 되면서, 학생을 80명에서 260명으로 대폭 증가시키고 일본어 교육을 강화했다.

최초의 지례 학교, 길산국민학교

그러던 중 1945년 해방이 되면서 지례간이학교는 '길산공립보통학교'로 바뀌었고, 김형근 선생이 제1대 교장으로 부임해 1년간 봉직하셨다. 1년 후 드디어 '길산국민학교'로 승격되자 아버지가 제2대 교장으로 취임하셨다.

첫 공립학교가 개교하자 지례 및 인근 지역으로부터 학생들이 대거 입학했고, 이로 인해 큰 교실과 운동장이 필요하게 되었다. 그래서 아버지는 대대로 내려오던 유산인 토지 800평을 길산국민학교에 희사해 교실을 증축하고 운동장을 확장하셨다. 학교 주변에는 벚꽃 대신 무궁화를 심으셨다. 해방 당시 길산국민학교는 우리나라에서 교정을 무궁화로 꾸며 놓은 유일한 학교였다.

하지만 안타깝게도 지례는 대중교통이 닿기 어려운 첩첩산중에 있어서 교사들이 부임을 기피하는 학교였다. 부임하겠다는 교사가 한 명뿐일 때도 수없이 많아서 끊임없이 교원 부족에 시달렸다. 이런 시골 지역에 기꺼이 오겠다는 교사를 찾기란 여간 어려운 일이 아니었다. 아버지는 부임하는 교사들의 노고를 위로하기 위해 종종 우리 집에 초대해 식사를 대접하기도 하셨다.

어려움은 또 있었다. 당시 이 지역에 무장한 공비 출현이 잦아서, 한때 지례 마을이 공비 토벌 작전 지역으로 지정되었다. 이로 인해 길산국민학교를 포함한 온 마을이 이주 대상 지역이 되어 학교가 폐쇄 위기에 직면한 일도 있었다. 그러나 아버지는 절대로 학교 문을 닫을 수 없으며 지례도 절대 떠날 수 없다고 강경하게 맞서셨다. 이 때문에 생사의 위기를 맞으며 많은 고초를 겪으셨지만, 그럼에도 지례에 머물면서 교육을 계속하셨다.

아버지는 지례의 길산국민학교 외에도 10여 리 떨어진 한실(大谷) 마을에 대곡국민학교를(처음에는 분교 형태로 운영), 지동에 지동국민학교를 설립해서 인근 마을로 교육을 더욱 확장하셨다. 1950년대 길산국민학교를 졸업한 학생들은 안동읍의 중학

교로 진학했고, 그 후 대구와 서울의 여러 고등학교와 대학으로
도 진학할 수 있었다.

아버지는 사설학술강습소 지례학원과 간이학교에서 13년간
한글과 신학문을 가르치셨고, 해방 이후에는 19년간 길산국민
학교 교장으로 봉직하시면서, 총 31년간 산골 마을에서 우리나
라 근대화를 위한 교육 발전에 선구자 역할을 하셨다.

1994년 4월 포항공과대학교 초대 총장인 셋째 형님 김호길 박사(왼쪽)와 함께

참교육의 유산

4

조부 수산 김병종 선생의 세계관

조부 수산 김병종 선생은 세상에 대한 혜안이 담긴 훌륭한 문집을 여럿 남기셨다. 그중에서도 "태초에 시작이 있음을 알아야 하니 많고 많은 선비들이 할 일이라"라는 구절은 성경의 말씀과도 유사하고, 조부님이 쓰신 글을 읽는 동안 내게 큰 감명을 주었던 말씀이다. 창세기 1장 1절은 우주의 기원을 분명히 밝히고 있다.

"태초에 하나님이 천지를 창조하시니라."

창세기 1장 1절에 언급된 '태초'는 바로 시간의 시작을 의미하고, '천'(天)은 무한한 공간을 말하며, '지'(地)는 물질과 에너

지를 의미한다. 즉 하나님이 무한한 공간과 물질 및 에너지를 무
(無)에서 유(有)로 창조하셨다는 뜻이다. 따라서 나는 태초의 시
작과 우주의 기원에 대해 탐색하고 연구하셨던 성리학자 수산
조부님의 혜안의 말씀을 읽으며, 조부님의 글이 더 높은 차원으
로부터 받은 계시와 영감의 소산이라 여겼다.

조부님은 "사내대장부의 마음과 그의 행하는 일은 마땅히 밝
은 날의 푸른 하늘과 같아야 한다"라는 말씀도 남기셨다. 성리
학의 대선비이신 김병종 선생의 폭넓은 혜안의 말씀과 사내대
장부에 대한 비전 및 권고의 말씀은 부친 김용대 선생의 선구자

수산 김병종 문집 《수산문집》(현재 안동 한국국학진흥원 소장)

다운 개척과 실천의 교육 정신으로 이어졌다. 그리고 생가 양대 조상들의 투철한 애국심과 독립 정신은 이러한 가르침을 통해 후대 자손들에게 전수되었다.

최근 수산 조부님의 문집들을 정리하면서 조부님의 학문의 깊이와 삶을 다시금 묵상하는 시간을 보냈다. 참으로 큰 감명을 받았다. 15세부터 시를 짓기 시작하신 조부님이 "책상 위 천고의 책이 있고 문 앞에는 만 리의 길이 열려 있다"라는 말씀을 남길 정도로 학문의 깊이가 깊은 분이셨음을 알고 감명을 받았다.

5

부친 운전 김용대 선생의 교육관

부친이 안동군 '일직에서 지례로', 그리고 무려 20여 촌을 넘어 '학봉파에서 약봉파로' 양자 입적되신 일은 지역은 물론이고 촌수로 볼 때도 상당히 이례적이었다. 특히 아버지의 생가에서 양자를 허락하지 않자 당대의 대학자인 양가 조부님이 삼고초려까지 해서 관철시키셨다는 일화는 주변에 잘 알려져 있기도 하다.

아버지는 지례에 양자로 온 후 집안과 문중 일에 헌신하시는 한편, 일제의 압박 아래에서도 심심산골 지례 마을에서 근대화 교육의 선구자로 큰 역할을 하셨고, 안동 유림의 중추로서 도산서원(淘山書院)과 사빈서원(泗濱書院)의 원장을 역임하셨다.

아버지는 외유내강한 성품으로, 위기의 순간에도 평상심을 유지할 정도로 내공이 대단한 분이셨다. 요즘 말로 '부드러운 카리스마'를 지니셨다. 지위나 재산, 나이에 따라 사람들에 대한 태도를 달리하지 않으셨고, 무엇보다 해학이 넘쳐 만나는 사람의 마음을 편안하게 해 주는 분이셨다.

생가와 양가 모두 퇴계학을 주로 하는 유학자 집안이었지만, 전통만을 고집하는 고루함이 없었고 예법에 대해서도 시대에 맞춰 융통성 있게 지켜 나가야 한다는 소신을 지니셨다. 또한 아버지는 독학으로 일본어를 공부해 일본어로 된 책을 읽을 줄 알면서도 일본인을 대할 때 일본어를 사용하지 않는 애국정신도 지니고 계셨다.

그런데 당시 12세에 양자로 온 아버지는 한동안 지례의 양가 생활에 적응하지 못하셨던 듯하다. 안동 일직에 있는 생가 조부모님이 그리워 몇 번이나 지례를 떠나 도망을 치셨다고 한다.

아버지가 21세 때 수산 조부님이 앞산의 나무를 벌목해 아버지에게 그 대금을 받아 오라고 안동으로 심부름을 보내셨다. 아버지는 바로 돌아오지 않고 그 돈(당시 18원, 현 80-100만 원)을 가지고 경성(서울)으로, 금강산으로, 또 평양과 대동강 모란봉으로 일생을 바꿀 여행을 한 후 지례로 돌아오셨다. 한 달여에 걸친 일대 '가출'이었던 셈이다.

그런데 놀랍게도 이렇게 본인 마음대로 가출했던 일에 대해 수산 조부님은 한마디 꾸중도 하지 않으셨다. 다만 금일의 과오에 대해서는 불문에 붙이되, 장래에는 유사한 행위를 하지 않겠노라는 서약서를 받는 것으로 만족하셨다. 그리고 1930년 수산 조부님은 금강산과 평양 등지로 여행하면서 아버지에게 일어나서 취침할 때까지 지켜야 할 일과문을 주셨다.

- 아침 일찍 일어나서 문을 열고 집안을 살피고, 밥 먹기 전에 세수해라.
- 매일 아침에 그날 하인들이 할 일을 모두 숙지하고 있어라.
- 매일 아이들에게 대청과 마루를 청소하게 하고 요강을 씻고 닦도록 해라.
- 한가할 때는 서책을 가까이하고, 친구들과 어울려서 장난치면서 놀지 말고, 항상 집에 어른이 있는 것처럼 조심해서 행동해라.

- 친구들과 어울릴 때는 산에 올라가지 말고 물가에서 놀지 마라.
- 불이 날 수도 있으니 방에서는 항상 화로를 조심해라.
- 수시로 밭의 농작물을 둘러보고 집 주위를 살피도록 해라.
- 매일 가축을 보살피고 저녁이 되면 병아리들을 둥지에 넣어 보호해라.
- 밤에는 반드시 안팎의 문이 잠겼는지 확인해라.
- 밤에는 등불을 켜서 어둡지 않게 해라.
- 농사일에 관해서는 일꾼들의 말을 귀담아듣고, 물을 대고 풀을 뽑는 등의 일을 시킬 때는 엄하면서도 주의해서 행해라.
- 이미 시작한 토목공사는 중단할 수 없으니 내가 돌아오기 전에 완공해라.
- 여기에 언급하지 않은 다른 일들은 주변을 잘 살펴보고 깊이 생각한 후 처리해라.

아버지를 추억할 때 젊은 날 아버지의 이런 일탈 사건은 유쾌하면서도 약간의 비감 어린 일화로 다가온다. 하지만 나는 20대 초반의 이 '허가받지 않은' 여행이 아버지의 생애와 후손들, 나아가 지례 마을 사람들의 삶의 모습에 분명한 영향을 끼친 계기가 되었다고 본다.

모두 알다시피 1920년대 말은 일제 치하였지만, 세상은 급변하고 있었다. 일제를 통해 서구 근대 문물이 쏟아져 들어와 바깥 사회의 모습은 하루가 다르게 변화하고 있었다. 심심산골인 지례 마을에만 머물러 있었다면 자연히 세상의 변화에는 둔감할 수밖에 없었으리라. 아버지의 바깥 여행은 시대의 변화를 몸으로 체험한 계기였다. 마치 조선 말기 일단의 선각자들이 신문물을 배우기 위해 일본으로, 유럽으로, 미국으로 나아갔던 사실에 비유할 수 있겠다.

물론 아버지가 원래 의도하셨던 바는 아니었다. 단지 답답한 젊은 가슴을 달래기 위한 충동적 일탈 행위였는지도 모른다. 그러나 한 달여에 걸쳐 새롭게 형성된 아버지의 견문은 결국 아버지와 우리 가문, 아버지가 중심이 된 지역 공동체 지례 마을의 변화에 대한 예고였다.

이 사건 이후 아버지는 방황하던 마음을 정리하고, 일단 영남 유림 대학자의 양자이자 유력 문중의 자손(지곡 김정한 선생의 7대 장손)임을 깊이 인식해 책임감과 사명감을 가지고 집안일에 임하는 한편, 자신이 몸소 견문한 세상의 변화에 발맞추어 마을 공동체에 새로운 바람을 진작시키기로 결심하셨다.

아버지가 주목하신 변화의 방식은 바로 '교육'이었다. 정통 유학자 집안의 주손이 고루하게 전통 학문만을 고집하지 않고 신학문의 필요성을 절실히 느껴 직접 교육 사업에 뛰어들었다는 사실은 아버지가 대단히 '개방적이고 실학적인' 태도를 지니신 분임을 알게 한다. 아버지는 전통 정신을 지키면서 새로운 문물에 대한 지식을 받아들이는, 이를 테면 '전통과 현대의 조화'를 꾀했던 분이셨다. 아버지는 일제 치하라는 열악한 상황에서도 지례 마을을 위해 교육 사업에 대한 비전을 완수하실 수 있었다.

운전 김용대 선생의 자녀 교육

삼고초려까지 해 가며 운전을 양자로 택하신 수산 조부님의 선택은 성공적이었다고 볼 수 있다. 4남 4녀라는 풍성한 자녀를 두었고, 게다가 그중 과학과 교육 분야에서 신기원을 이룩한 대학 총장이 둘이나 배출되었으니 미래에는 학문의 융합이 필요하다는 조부님의 안목이 탁월했다고 하겠다.

아버지는 조부님의 뜻을 이어받아 가정 교육에서도 매우 특별하셨다. 가문의 정신은 수산에서 운전으로 생생하게 이어져 왔는데, 특히 셋째 형님의 삶에도 오롯이 새겨졌다. 셋째 형님은 당시로서는 최첨단인 핵물리학을 전공한 세계적인 과학자이면서 전통 유학에 조예가 깊은 유자(儒者)로서 우리나라 대학 교육의 선진화를 주도한 탁월한 교육자였다.

또한 형님은 '유교적 과학자'라고 불리기도 하는데, 아마도 우리나라 과학자 중 이런 호칭으로 불리는 유일한 사람이 아닐까 한다. 셋째 형님이 한창 나이인 62세에 아깝게 유명을 달리했을 때 경제부총리를 지낸 절친 조순 박사는 "일백 년에 한 번 태어날까 말까 한 인재를 잃어버렸다"고 빈소에서 통곡했다고 한다.

아버지가 실천 교육자로서 다양한 교육 기관을 세웠음에도 불구하고, 내 위의 세 형님들은 정작 그 혜택을 받지 못했다. 형님들이 어릴 때는 지례에 아직 학교가 없었기에, 교육 때문에 일찍부터 부모님의 슬하를 떠나 좀 더 큰 마을에 사는 친척집으로 갔다. 큰형님 태길은 외가인 경주 양동에서 양동국민학교를 다녔고, 둘째 형님 해길은 생가의 일직국민학교를, 셋째 형님 호길은 도산의 고모 댁에서 도산국민학교를 다녔다.

부친의 학교 설립으로 인한 혜택은 장녀인 누나 정길과 나부터 받을 수 있었다. 막내아들인 나와 누나 정길, 그리고 그 아래 여동생들은 길산국민학교가 개교한 이후에 학교를 다녔기 때문에 어릴 때부터 외지로 나가지 않고도 공부할 수 있었다. 특히 나는 집에서 아버지와 함께 생활하면서 아버지가 일어나시면 이부자리를 정리하고, 방바닥을 쓸고, 걸레질을 하고, 세숫물도 떠다 드리곤 했다.

나는 사랑방에서 수십 년 전 수산 조부님이 아버지에게 써 주신 일과문을 늘 볼 수 있었다. 제일 높은 벽, 보기 좋은 곳에 걸어 둔 말씀을 그대로 지키며 살아가시는 아버지를 보면서 순종하는 모습과 효심에 깊은 감명을 받았다.

아버지의 남다른 자녀 교육은 가훈을 통해서도 엿볼 수 있다. 흥미롭게도 아버지가 가훈으로 주신 말씀은 "어리석어도 좋으니 어진 사람이 되어라"였다. 처세술이 능하고 인간성이 못된 사람보다 좀 어수룩해도 어진 사람으로 살라는 뜻이다. '숙맥불변'(菽麥不辯), 즉 콩과 보리도 잘 구별하지 못하는, 세상 이치에 어두운 사람으로 살라는 말이다.

모일 때마다 자신의 '숙맥기'를 자랑인 양 내세우며 즐거워하는 집안사람들을 요즘 시선으로 본다면 참 이상하다고 생각할 수도 있다. 그러나 그 이면을 보자면 서로의 실수를 너그럽게 격려하는 훈훈한 인심을 지닌 가족들이다. 오늘과 같은 경쟁 사회에서는 찾아보기 어려운 가훈이 아닐 수 없다.

나는 아버지가 주신 가훈을 특별한 의미로 새겨들었다. 이 가훈을 "세상을 살 때 자기중심으로만 살지 말고 다른 사람을 위해 때로 손해도 보고, 도와주고, 베풀며 살라"는 뜻으로 받아들였으며, 항상 그 말씀을 따라 살기 위해 많이 노력하고 있다. 아버지의 가훈으로 세상 사는 지혜를 배울 수 있었다.

또한 이 가훈은 내가 한동대학교 총장으로 봉직하면서 학생들에게 "공부해서 남 주자. 배워서 남 주자"라는 구호로 학생들을 교육할 수 있는 기반이 되었다. 교육이란 단순히 지식을 쌓을 뿐 아니라, 사회의 낮은 곳을 돌아보고 어려운 이웃에게 베푸는 삶을 살기 위해 손해라도 기꺼이 감수할 줄 아는 인재를 기르기 위한 길이다.

한동대학교의 교육의 초석은 아버지의 가르침, 즉 사람들과 더불어 살며 의롭게 살아가기를 택하는 어진 인재들을 육성하는 데 바탕을 두고 있다. 결국 사람이 바뀔 때 세상이 바뀌기 때문이다.

6

유학 정신의 과학자, 그리고 교육인 김호길

공부도 중요하지만, 부모에 대한 효도와 형제간의 우애를 더 강조한 것이 우리 집안의 가훈이자 가르침이다. 특히 부모님은 어리석어도 어질어야 하고, 똑똑하기보다는 착해야 한다고 강조하셨다. 때로 남들이 볼 때 바보스러울 정도로 착한 사람을 이상적인 인간상으로 내세우셨다.

호길 형님은 이러한 가르침을 누구보다 철저히 마음에 새기고 분명하게 실천했다. 대대로 내려오는, 어리석지만 착한 행동을 했던 선조들의 아름다운 이야기를 많이 알고 기억했다가 동생들뿐 아니라 조카들에게 들려주곤 했다. 내가 한 학기 동안 도

1994년 형님 김호길 총장(왼쪽)과 함께

시락을 몇 개씩이나 버스에 두고 내렸다며 건망증이 심하다는 이야기를 하면 우리 식구의 엉성한 피가 내게도 흐른다고 하면서, 빈틈없이 실수 않고 못되기보다는 좀 낭패를 겪더라도 어진 편이 더 낫다며 실수를 핀잔하지 않고 격려했다.

아직 아버지가 국민학교를 세우시기 전이라 셋째 형님까지는 외지로 유학을 가야만 했기에 우리 형제들은 방학 때나 되어야 모두 모일 수 있었다. 안동중학교에 다니는 형님이 종종 주말이면 집에 와서 하루를 머물고는 양식을 들고 중학교 근처 친척 집

68

까지 다시 험한 마당재를 넘어가던 기억이 난다.

형님은 당시 국민학교의 입학 연령인 8세를 지나 9세가 되어서야 길산공립국민학교 부설 지례간이학교에 입학했다. 그나마도 당시 신학기가 시작하던 4월 1일보다 한 달이나 늦은 5월 초에 겨우 학교에 들어갔다.

이름 석 자 쓰는 법도 배우지 않고 다른 사람보다 한 달이나 늦게 입학을 했으니 공부에 곤란을 겪을 수밖에 없었다. 게다가 일본 국가(國歌)도 알지 못해 노래 시간에 입을 다물고 다른 생각을 하다가 선생님에게 꾸중을 듣기도 했다. 특히 어릴 때부터 욕심이 많다는 평을 들었고, 자존심도 강해서 남에게 지기를 좋아하지 않았던 형님은 나이 많은 아이에게 힘으로 당하지 못할 때는 돌멩이를 던지기도 했다며 그 시절을 회상하곤 했다.

자존심 강한 아이가 공부를 남보다 못하게 되었으니 학교 가기 싫은 마음이 오죽했으랴. 형님은 학교를 가지 않으면 친구가 없었기 때문에 억지로 학교에 가다가, 조금이라도 몸이 불편하면 바로 결석을 했다. 어릴 때부터 어머니의 말씀을 안 듣는 고집쟁이 같았던 터라 어머니는 결석을 해도 꾸중하지 않으시고, 대신 형님에게 "너에게 앞으로 밭 한 떼기 줄 재산의 여유가 없으니 네가 알아서 해라" 하면서 내버려 두셨다.

아버지는 근엄하신 분으로 집에 계시면 일절 말씀이 없으셨기 때문에 우리 남매들은 어릴 때부터 아버지를 무서워했다. 아마 매보다도 아버지의 근엄한 태도에서 아버지에 대한 두려움과 존경심이 자연스럽게 생겼던 듯하다. 우리 집은 엄부자모(嚴父慈母)의 전통 유교 가정이었으며, 자녀 교육에 있어서 인자하신 어머니와 엄격하신 아버지, 두 분이 조화를 이루었기 때문에 8남매 모두는 성격 면에서 원만하게 자랐다.

형님은 1학년 말 4과목 중 수신, 산수, 직업 과목은 우·양·가의 등급 중 양, 국어는 최하위인 가를 받아 낙제 후보자가 되었다. 도장을 받기 위해 아버지 앞에 통지표를 내놓았을 때 어린 그 마음이 얼마나 두려웠을까. 그런데 오히려 아버지는 한 번 훑어보고는 아무 말 없이 도장을 찍어 주셨다고 한다. 다행히 형님은 나이 때문에 낙제는 면하고 2학년에 진급했으며, 이후로는 공부에 조금 취미를 붙여 학교에 꾸준히 출석하면서 성적을 조금씩 올렸다.

이후 3학년 때 도산국민학교로 새로 편입하고 4학년 때 처음으로 우등생이 되었는데, 아버지는 1학년 낙제 후보자일 때와 마찬가지로 아무 말도 없이 도장만 찍어 주셨다고 한다. 아버지는 자녀들의 행동을 깊이 관찰하면서 근심도 기쁨도 밖으로 표시하지 않는 절제 훈련을 깊이 쌓으신 분이었다. 우리 형제들은 아버지를 어려워했으나, 자라면서 자잘한 일에 대범하시고 좀처럼 화를 내지 않으시는 너그러운 아버지의 깊은 뜻을 더욱 이해하며 존경했다.

셋째 형님은 큰형님들에게는 철저히 동생으로서 순종하는 자세를 보였고, 아랫사람들인 동생들이나 조카들에게는 위의 두 형님들이 그러하듯이 부모처럼 따뜻하고 자상하게 보살펴 주었다. 특히 좀 형편이 어렵다거나 도움이 필요한 약한 친척에게는 어떻게든 관심을 기울이고 도와주려고 애를 썼다. 반대로 경우와 이치에 틀리거나 부당한 권위를 내세우는 사람 앞에서는 싸움을 불사하는 논쟁을 거침없이 벌이기도 했다. 형님은 정녕 머리는 차고 마음은 따뜻한 사람이었다.

어릴 때 어머니 말씀도 안 듣던 망나니이자 자존심 강한 부랑아였던 형님은 자신이 예의를 아는 소년이 된 일은 법가(法家)인 고모 댁에서 4년을 보낸 덕택이라고 종종 이야기했다. 형님은 아버지만 안 계시면 어머니 말씀은 듣지도 않고 사랑방에 친구들을 모아 놓고 마음대로 떠들고 놀기 일쑤였지만, 어머니는 특별히 꾸중을 하지 않으셨다. 대신 "네가 집에 있을 때는 아무렇게 해도 내가 용서하지만, 고모 댁에 가서는 부디 어른들 말씀을 잘 들어라"라고 당부하셨다.

이 말씀에 형님은 아무런 대답도 하지 않았지만, 집에서는 말을 안 들어도 이웃집 할머니가 심부름을 시키면 조금도 싫어하는 기색을 보이지 않고 들어 드렸기 때문에 속으로 '어머니는 별 근심을 다 하시는구나' 하고 생각했다고 한다.

형님은 도산 체류 4년이 자신에게 큰 디딤돌이 되었다고 회상했다. 창고(蒼古)하고 엄격한 법가에서 어른들의 따뜻한 사랑을 받으면서 유가의 전통을 체험한 일과 고모부로부터 소학을 배운 일은 형님의 학문과 사상의 토대가 되었다.

특히 형님은 "어린 나이에 부모 슬하를 떠났기 때문에 철이 빨리 들어 독립심을 기를 수 있었고, 김씨 이외에 이씨도 양반일 수 있다는 어릴 때의 경험 덕분에 족보와 혼인 관계로 인한 친척을 찾는 데 관심을 기울이게 되었다"며 그 시절이 소중한 추억이라고 말하곤 했다.

두 고향, 지례와 도산

형님의 국민학교까지의 어린 시절은 지례와 도산에서 이루어졌는데, 지례는 임하댐으로, 도산은 임하댐보다 먼저 안동댐으로 수몰되어 제1의 고향과 제2의 고향 모두를 잃은 셈이다. 옛날 어른들이 산 좋고 물 좋은 곳에 터를 잡았던 관계로, 댐이 건설되면서 많은 유명한 동네가 수몰의 참상을 겪는 운명을 맞이했다. 아름다운 경관을 자랑했던 도산은 수몰되었고, 세월의 흐름에 따라 도산의 어른들은 지금 이 세상에 한 분도 계시지 않는다.

"한 송이의 국화꽃을 피우기 위해 봄부터 소쩍새는 그렇게 울었나 보다"라고 읊었던 서정주 시인의 말처럼, 한 인간이 탄생하고 자라나기 위해서는 많은 분의 사랑과 은혜를 입게 마련이다.

셋째 형님은 어머니와 아버지, 다른 형님들을 비롯한 우리 가족, 재종조모와 재종숙부 형제들, 승대 씨와 같은 친구, 집안 어른들, 도산의 고모 댁 어른들과 친척들 등 많은 분의 사랑과 도움의 손길이 모여서 김호길이라는 인간이 형성되었다고 고백했다. 특히 고향이 시골인 데다 유난히 친척이 많은 덕분에 어린 시절에 남다른 경험을 했으며, 이것이 아름다운 추억으로 남았다는 형님의 고백이 지금도 생생하다.

형님의 효성은 소문난 대로 지극했다. 미국에 있던 23년 동안에도 부모님께 말할 수 없이 큰 효도를 했지만, 귀국해 포항에 있을 때는 학교 일로 아무리 바빠도 한 달에 두어 번은 안동으로 가서 종일 어른들과 함께 지내곤 했다. 아버지를 모시고 집안 어른들께 인사를 다니고, 안동의 서원들을 돌아보기도 하고, 때로는 어머니와 바둑을 두거나 화투를 치면서 어머니를 즐겁게 해 드렸다.

오래전 포스코 박태준 회장이 명예박사 학위를 받게 되어 형님과 함께 영국으로 출국하신 일이 있다. 그런데 영국에 도착하자마자 갑자기 어머니가 입원하셨다는 전갈을 받았다. 형님은 모든 일정을 중단하고 황급히 귀국했다. 형님에게 부모님을 극진히 모시는 일보다 더 중요한 일은 없었기 때문이다.

핵물리학의 권위자, '과학계의 큰 별'

형님이 타계한 후 어느 일간지에서 형님에 대해 잘 조명해 준 글이 있어 그 내용을 여기에 소개한다.

"김호길 박사는 과학자로 시작해 교육자로 생을 마쳤다. 학교 교육과는 별도로 집안에서 엄한 한학 교육을 받은 그는 생전에 즉석에서 한시를 읊을 정도로 한문에 조예가 깊었다. 한 분야의 날카로운 송곳이기보다는 넓은 분야를 싸는 보자기 같은 큰 그릇이었다. 정열의 용광로 속에서 미래 과학도들을 벼리던 한국 과학계의 큰 별이었다. 단시일에 포항공과대학교를 세계적 수준으로 키운 국내 최고의 대학 행정가이자 스스로도 플라즈마 논문을 손에서 놓지 않은 세계적인 핵물리학자였다.

미국에 있을 때 그는 재미한국과학기술자협회(Korean-American Scientist and Engineers Association, KSEA)를 만드는 일에 진력을 기울였고, 재미 교포 자녀들을 위한 토요 강좌를 개설해 국사와 국어 교육에 열정을 바쳤다. 이외에도 가까운 사람들을 서로 친하게 하는 일과 밤을 새워 가며 나라의 장래를 고민하는 일 등을 꾸준히 해 왔다.

귀국해서는 포항공과대학교를 일류 대학으로 만드는 기적을 행했고, 박약회를 만들어서 꺼져 가는 전통문화에 새로운 불을 지폈으며, 폭넓은 교우 관계를 통해 이 나라를 바로 서게 하는 데 많은 영향을 미쳤다."

형님이 대학을 다니던 때는 우리나라 전체가 모두 못살던 시대이기도 했지만, 형님은 고학을 하느라 유독 고생을 많이 했다. 하지만 고생스럽다거나 힘들다는 말은 단 한 번도 하지 않았다. 형님이 집안에 대한 긍지와 조국의 미래에 대한 남다른 포부와 애정, 자신에 대한 긍정적인 사고와 낙천적인 성품을 지녔기 때문이었던 듯하다.

비록 한 켤레의 군화와 한 벌의 학생복밖에 없는 가난한 대학생이었지만, 형님은 자신이 가난하다고는 단 한 번도 생각해 본 일이 없다고 했다. 특히 상대적인 빈곤감에 기가 죽어 고생이나 어려움을 견뎌 내지 못하는 요즘 젊은이들을 보면 한탄스럽다고 늘 말했다.

형님의 친구들 중 친척 아저씨이자 절친인 이용태 박사(삼보컴퓨터 명예회장)와 서울대학교 김용직 교수와의 우정은 특별히 남달랐다. 세 분은 모두 어려운 시절에 학교를 다녔지만 불편한 환경에 위축되거나 구애받지 않고, 조국의 미래에 대한 책임 의식과 주인 의식을 품고 꿈과 기백과 이상을 불태웠다. 앞서 소개한 기사의 뒷부분은 형님에 대해 이렇게 설명했다.

"1956년 서울대 물리학과를 졸업한 후 군 생활을 거쳐 영국 버밍엄대학으로 유학의 길에 올랐다. 1964년, 버밍엄대학 개교 이래 최단 기간인 2년 반 만에 박사 학위를 받고 미국 버클리대학 로렌스연구소로 자리를 옮겼다. 최초의 입자가 속기를 만든 로렌스를 기념한 이곳에서 그는 세계적인 플라즈마 학자로 연구 업적을 쌓아 갔다.

미국 시민이 되라는 주위의 끈질긴 권유를 물리치고 그가 20년 만에 고국으로 돌아온 것은 지난 1983년 럭키금성그룹 계열의 연암공업전문대학교 학장을 맡기 위해서였다. 뜻밖의 어려움으로 학교 설계에 부심하던 그에게 또 다른 결정적인 인생의 계기가 찾아왔다. 당시 박태준 포항제철 회장이 포항에 신설할 포항공과대학의 학장을 맡아 달라고 부탁했던 것이다. 1985년 6월 두 사람이 처음 만난 자리에서 그는 단순한 기술 대학이 아닌 캘리포니아공과대학(칼테크) 같은 세계적 수준의 학교로 만들겠다는 약속을 하고 학장직에 올랐다.

그로부터 10년, 김 총장은 박 회장에게 약속한 대로 얼마나 빠른 시간에 신설 학교가 세계 수준으로 발돋움할 수 있는지를 보여 주었다. 국내 최고의 시설, 교수 1인당 가장 적은 학생 수 등 몇 가지 기록을 내며 포항공과대학교는 국내 최초의 이공계 전문 대학으로 자리 잡았다.

평소 과학기술 발전을 제2의 독립운동으로 인식해야 한다며 과학기술 발전에 힘쓴 그는 평생의 숙원 사업이었던 국내 유일의 입자가속기인 '포항방사광가속기'의 연내 완공을 목전에 두고 타계했다.”

호길 형님이 내게 끼친 그림자

내가 서울대학교 공과대학 금속공학과를 졸업하고 유학을 결심하게 된 데는 형님의 도움이 컸다. 그때 형님은 영국에서 박사 학위를 마치고 버클리대학의 로렌스연구소에 있었다. 형님이 먼저 그곳에 가 있지 않았더라면, 당시 나로서는 미국 유학은 엄두를 내지 못할 형편이었다. 나는 동생으로서 형님이 개척해 놓은 길을 따라가면 그만이었다.

대학 전공을 택할 때도 형님의 조언이 컸다. 당시 공과대학 중에서 금속공학은 사람들이 크게 관심을 갖는 분야가 아니었다. 하지만 형님은 앞으로 우리나라 산업 발전을 위해서는 금속 재료 분야의 발전이 전제가 되어야 한다고 내다보았다. 따라서 금속재료공학이 곧 인기를 얻게 될 테고, 우리나라에서 꼭 필요한 분야가 되리라고 조언해 주었다.

나는 어릴 때부터 하늘 위로 날아다니는 비행기를 보면서 비행기의 소재에 대한 호기심을 키워 왔던 터라 자연스럽게 형님의 조언을 받아들였고, 나중에 미국에서 박사 과정을 밟을 때도 재료공학을 택했다.

나는 12년의 미국 생활을 청산하고 한국과학기술원(KAIST) 교수로 형님보다 먼저 귀국했다. 형님도 럭키금성그룹에서 세우는 연암공업전문대학교 학장 후보로 초청받아 1983년 영주 귀국을 했다. 연암공업전문대학에서 1년을 보낸 후 이번에는 새로 설립되는 포항공과대학교에 초대 총장으로 와 달라는 간곡한 요청으로 1986년 포항으로 자리를 옮겨 8년을 섬겼다.

1994년 1월 말 내가 한동대학교 총장으로 와 달라는 제안을 듣고 결정하지 못하고 있을 때 형님은 내게 권할 수도, 말릴 수도 없다고 난감해했다. 형님은 "나도 미국에서 귀국한 후부터는 대학 행정 일로 인해 연구를 중단할 수밖에 없었다. 앞으로 한창 더 많은 연구를 마음껏 할 수 있는 네가 총장을 맡으면 이제 연구를 중단하게 되니, 이는 너 자신을 위해서나 국가를 위해서나 손해이다. 그러니 내가 너한테 차마 총장 일을 권할 수가 없다"고 했다. 나의 연구와 학문의 성취를 항상 과분하게 칭찬하며 격려하던 형님으로서는 염려할 수밖에 없었다.

그러나 형님이 마냥 말릴 수 없는 또 하나의 이유가 있었다. 형님은 "그 학교가 기독교 정신의 대학으로 예수 믿는 총장을 찾으니 내가 말릴 수만 있겠는가" 했다.

당시 나는 크리스천이고 형님은 아직 크리스천은 아니었지만, 신앙 문제로 인해 서로 충돌하거나 갈등을 겪은 일은 한 번도 없었다. 미국에서 내가 처음 교회를 다니기 시작했을 때 형님은 좀 서운해했다. 우리 집안 같은 전통 유교 가정에서 크리스천이 되다니, 그때만 해도 가히 개혁이요 혁명이었기 때문이다.

형님은 크리스천이 되면 우리의 옛것과 문화를 모두 버리는 줄로 생각했다. 형님은 우리 문화와 전통, 우리나라의 모든 것을 매우 사랑했다. 말하자면, 기독교는 우리 것이 아니라는 시각이었다. 사람들이 혹 우리 것을 소홀히 여기게 될까 봐 형님은 기독교를 애써 멀리하는 듯했다.

그러나 몇 년 전 우리 집에 와서 기독교에 대해 처음으로 진지하게 이야기했다.

"종교에는 신앙과 함께 윤리와 도덕이 중요한데, 그중에 부모에 대한 효도와 형제간의 우애와 가정 화목이 근본 덕목이라 할 수 있다. 너희 부부가 행동하는 것을 보니, 이 3가지를 고르게 잘해 나가고 있는 것 같다. 그러니 네가 믿는 기독교 신앙도 괜찮은 것 같다."

형님은 기독교를 좋게 여겼다. 아마 그동안 우리를 눈여겨 살핀 듯했다. 그러면서도 "그래도 나를 끌어들이려고 하지는 말고 우리는 서로 존중해서 동서 양 진영이 평화 공존하게 하자"고 해서 한바탕 웃었다.

내가 한동대학교 총장직을 수락하기로 결정한 후 형님은 무척 기뻐하면서 형제가 나란히 한 지역에서 선의의 경쟁을 하며 서로 도와서 미국의 MIT와 하버드대학처럼 두 대학을 통해 나라의 발전에 기여하자고 했다. 그리고 신설 대학을 먼저 해 본 경험을 토대로 많은 조언을 해 주었다.

1994년 1월 말부터 4월 말까지 한동대학교 일도 볼 겸 형님에게 여러 자문을 받으려고 대개 주말이면 포항으로 내려가서 형님과 함께 많은 시간을 보냈다. 지금 생각해 보면, 당시에 내 평생 어느 때보다도 형님을 자주 뵐 수 있었으니, 1994년 4월 30일 형님이 돌아가시기 전에 이런 기회라도 있었다는 것에 대해 감사한다.

누구나 한 번은 왔다가 가는 인생길에서 짧은 삶이 아깝지만, 형님은 정직하고 성실한 인생을 살았고, 많은 사람의 마음속에 풍성한 유산을 남겼다. 실로 셋째 형님은 동양과 서양이 공존하는 멋진 삶을 살았다.

보이지 않는 세계
(초자연적)
은혜
영적 체험 > 세상 지식
≥
=
≤
영적 체험 < 세상 지식
신학
영적 갈등 영역
(죄로 인하여 발생한 죄의 영역)
과학
믿음
계시
보이는 세계
(자연적, 오감)

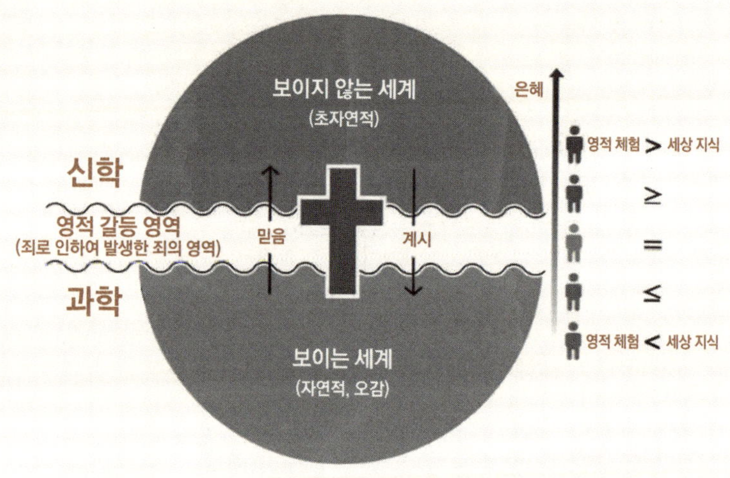

창조 세계의 5가지 영역

3부

내가 만난
창조주 하나님

7

결혼을 위한 약속, 교회에 나가다

안동의 전통 유교 가정에서 태어나 어릴 때부터 자연스럽게 '경
천애인'(敬天愛人), 즉 "하늘을 공경하고 사람을 사랑하라"는 유
교 사상을 접하며 성장했다. 그러나 '하늘'이 무엇을 뜻하는지
분명한 이해나 개념은 없었다.

서울대학교 공과대학 금속공학과를 졸업한 후 1969년 뉴욕
트로이의 RPI 공과대학에서 재료공학 박사 학위 과정에 있을 때
였다. 부모님이 미국 유학을 준비 중인 신붓감을 추천하며 결혼
을 전제로 편지 교제를 하라고 하셨다. 나는 결혼을 염두에 두고
그녀에게 편지를 보내기 시작했고, 몇 차례 편지를 교환한 후에

급기야 청혼까지 했다.

얼마 후 중요한 전제 조건이 담긴 답장이 왔다. 본인은 크리스천이라고 설명하면서, 내가 앞으로 하나님을 믿고 교회에 함께 다닌다면 결혼하겠다고 했다. 이때까지 나는 한 번도 교회에 가본 일이 없었고, 우리 집안에서 예수님을 믿는 이는 단 한 사람도 없었다. 크리스천이 되는 일에 대해 전에는 생각해 보지 못했지만, 만일 우리 가정을 지켜 줄 '신'(神)이 있다면 앞으로 연구해 보겠다는 애매모호한 답장을 보냈다.

결국 교회에 다니는 일이 결혼의 전제 조건이라는 아내의 결심 덕분에 나는 영적인 세계로의 여행을 시작할 수 있었고, 세상 지식을 넘어선 영적인 존재에 대해 생각하기 시작했다. 이때부터 NASA 신우회 기도 모임에도 참석하면서 믿음을 키웠다.

그러던 중 세상 지혜와 영적 체험 사이에서 갈등을 겪기 시작했다. 당시에 나는 하나님은 과학과 전혀 상관이 없다고 생각하는 무신론 공학도였다. 물질 세계를 벗어난 '영혼'이나 영적 세계는 단지 인간 상상의 산물에 불과하므로 과학자가 이를 믿는 일은 부적절하다고 생각하고 있었다. 하지만 아내와 약속을 했고, 약속을 지켜야 했다.

집에서 가장 가까운 교회를 찾기 위해 전화번호부를 들춰 보며 아내에게 물었다.

"당신은 어느 교회를 다녔소? 장로교? 감리교? 아니면 침례교?"

"장로교예요."

이튿날 집에서 가까운 미국 장로교회를 찾아갔다. 난생처음 가 본 교회였지만, 강의실 맨 앞줄에 앉던 습관대로 그날도 맨 앞줄에 앉았다. 아직 영어에 익숙지 않은 아내에게 설교 내용을 통역해 주기 위해 정신을 차리고 주의 깊게 들을 수밖에 없었다. 교회에 나가는 횟수가 늘어날수록 마음속에는 점점 많은 의문이 생겨났다. 하지만 주일마다 교회에는 열심히 출석했다.

성경의 수많은 이야기 중 특히 동정녀 마리아가 성령으로 예수를 잉태했다는 초자연적인 이야기는 도무지 믿어지지가 않았다. 아내에게 물을 때마다 "그렇게 자꾸 따지지 말고 성경 말씀을 무조건 믿으세요"라는 대답만 돌아왔다. 아내는 나와는 달리 하나님을 무조건 신뢰하는 DNA를 가지고 태어난 듯했다. 비록 성경 이야기는 믿어지지 않았지만, 기독교의 도덕률이 유교의 도덕률보다 한 차원 높다는 생각은 들었다.

"너희 원수를 사랑하며 너희를 박해하는 자를 위하여 기도하라"(마 5:44).

삼강오륜(三綱伍倫)에서도 원수까지 사랑하라는 말은 들어 보지 못했다. 기독교의 도덕 기준이 유교의 기준보다 한 차원 더 높다고 느낀 만큼, 미국에 사는 동안 기독교를 믿어도 나쁘지 않을 것 같았다.

1973년 뉴욕 트로이의 RPI 공과대학에서 박사 학위를 마친 후 오하이오주 클리블랜드에 위치한 NASA 루이스연구소에 근무하기 시작했다. 드디어 크리스천으로서 인생의 새로운 장이 열리기 시작한 시기였다.

8

비논리적인 성경을 믿으라고?

NASA는 내가 어릴 때부터 꿈꾸고 바라던 곳이다. 어린 시절 자동차보다 비행기를 먼저 본 나는 장차 크면 비행기를 만들겠다는 꿈을 꾸며 자랐고, 결국 NASA에 입사해 꿈을 이루었다.

그러나 이 시절은 나에게 단순한 꿈의 실현 그 이상의 의미를 지닌다. NASA에는 매주 화요일 점심 때 신우회 기도 모임이 있는데, 독실한 크리스천 동료인 조 밀(Joe Mills)의 권유로 나도 이 모임에 참석하게 되었다. 명망 있는 훌륭한 선배 과학자들이 모여서 성경 공부를 하며 하나님을 찬양하고 기도하는 모습에 큰 충격을 받았다. 내심 신앙이란 한낱 어리석은 믿음에 불과하다고 여겼던 자신이 좀 부끄러웠다.

약 5년 동안 '출석 교인'(Churchgoer)에 지나지 않았던 나는 비로소 하나님에 대해 더 알고 싶다는 도전을 받으며 성경을 읽기 시작했다. 신약성경부터 읽으라는 권유에 요한복음을 읽기 시작했다.

하지만 갈릴리 가나 혼인 잔칫집에서 예수님이 행하신 첫 번째 기적 사건을 읽으며 즉시 난관에 부딪히고 말았다. 잔치에 포도주가 떨어지자 어머니 마리아의 청을 받으신 예수님은 하인들에게 항아리에 물을 채운 후 그 물을 떠서 연회장에게 갖다 주라고 하셨다. 예수님의 말도 안 되는 명령에 하인들이 그대로 순종했더니 맹물이 포도주로 변했다(요 2:9).

배달하는 과정에서 분자 구조가 H_2O에서 C_2H_5OH로 순식간에 바뀌다니…. 과학을 열렬히 신봉하는 나로서는 도저히 받아들일 수 없는 사건이었다. 이 이야기에 나타난 조건에서처럼, 상온에서는 이런 핵융합 반응이 일어날 수 없기 때문이다.

나는 아내에게 이런 난센스가 어디 있느냐고 질문했다. 아내의 대답은 언제나 간단했다. 아내는 나에게 무조건 믿으라고 했다. 자꾸 의심하고 따지면 하나님이 몹시 기분 나빠하신다며 믿으로 나를 종용했다.

의심이 가득 일어났지만, 이번 기회에 성경을 한 번 끝까지 읽어 보자는 결심으로 의문을 잠시 접어 두기로 했다. 다시 읽어 내려가다가, 요한복음 6장에서 또 막히고 말았다.

갈릴리 디베랴 바다 건너편 언덕에서 목자 없는 양같이 다니는 큰 무리를 보고 불쌍히 여기신 예수님은 날이 저물자 이들에게 먹을 것을 주라고 제자들에게 명령하셨다. 그리고 한 소년이 가진 보리떡 다섯 덩이와 작은 물고기 두 마리를 받아서 축사하신 후 5,000여 명의 사람들에게 나눠 주셨다. 성경은 모두 다 배불리 먹고도 여전히 많은 양의 보리떡과 물고기가 남았다고 기록하고 있다(요 6:13).

물이 포도주로 변한 일보다 더 믿기 힘든 놀라운 사건이었다. 왜냐하면 과학의 기본 법칙인 질량과 에너지 보존의 법칙, 즉 열역학 제1법칙에 어긋나기 때문이었다.

'성경이 이렇게 논리에 맞지 않는 모순으로 가득 차 있다니….'

의구심이 점점 커져 갔다. 나는 아내에게 약속한 대로 교회에는 나가겠지만 성경은 도저히 믿지 못하겠다고 말했다. 과학자로서 "보이지 않는 하나님을 어떻게 믿을 수 있는가?"라는 근본적인 질문에 직면했기 때문이다.

성경 공부가 시간 낭비라는 생각이 들어 성경 읽기를 완전히 중단했다. 차라리 연구에 더 많은 시간을 투자한다면 유용한 연구를 더 많이 할 수 있으리라 생각했다. 하지만 마음의 평화는 사라지고 말았다.

내가 하나님의 존재에 대한 질문과 씨름하는 동안 NASA의 크리스천 동료들과 클리블랜드 한인 교회의 교인들이 나를 위해 기도하고 있다고 했다. 나를 위해 금식하며 새벽 기도를 드리는 분들이 있다는 이야기도 들렸다. 나 때문에 끼니를 거르는 사람이 있다니, 이런 민폐가 또 어디에 있는가? 하나님에 대한 의문과 씨름하면서 결국 다시 성경책을 펴 들었고, 과학과 종교에 대해 다루는 다른 책들도 읽었다.

성경은 논리에 맞지 않는 모순들로 가득 차 있기 때문에 나 같은 사람들은 믿기가 참 어렵다. 요셉과 마리아가 결혼해서 예수를 낳았다고 할 수도 있었을 텐데, 도대체 왜 예수가 성령으로 잉태되었다고 하는지…. 이런 모순과 과학으로 설명할 수 없는 논증을 누가 믿을 수 있을까?

하지만 1971년 이후로 내 신앙이 계속 자라고 있음이 분명했다. 나는 성경을 비롯해 감명 깊은 여러 기독교 변증 서적들을 읽으면서 그리스도의 탄생과 삶, 죽음, 부활에 대한 성경의 증거와 예언들을 찾아보았다. 그러면서 성경이 본질상 "메시아"라는 하나의 주제를 관통한다는 사실을 깨달았다. 성경은 약 1,600년에 걸쳐 40여 명의 서로 다른 저자들이 여러 장소에서 다양한 관점으로 쓴 역사서이다.

또한 성경에서 예수 그리스도에 대한 수백 가지 예언을 확인할 수 있었다. 이 예언들이 우연히 성취될 확률은 수학으로는 계산이 불가능하다.

과학은 항상 인간의 지식과 이성을 토대로 세워지며, 단 1초 후에 어떤 일이 일어날지 확신하거나 예측할 수 없다. 그러나 성경은 약 1,100년에 걸쳐 기록된 구약 시대의 예언들이 신약 시대에 성취되었음을 보여 줌으로써 성경 말씀이 인간의 지식과 지혜가 아닌, 하나님의 계시로 기록되었음을 증명하고 있다. 드디어 나는 성경이 역사성과 신뢰성을 지닌 틀림없는 사실이라고 믿기 시작했다.

성경의 중심이신 예수 그리스도에 대해 요한복음 1장은 다음과 같이 밝히고 있다.

“태초에 말씀이 계시니라 이 말씀이 하나님과 함께 계셨으니 이 말씀은 곧 하나님이시니라 그가 태초에 하나님과 함께 계셨고 만물이 그로 말미암아 지은 바 되었으니 지은 것이 하나도 그가 없이는 된 것이 없느니라 그 안에 생명이 있었으니 이 생명은 사람들의 빛이라 빛이 어둠에 비치되 어둠이 깨닫지 못하더라”(요 1:1-5).

“참 빛 곧 세상에 와서 각 사람에게 비추는 빛이 있었나니 그가 세상에 계셨으며 세상은 그로 말미암아 지은 바 되었으되 세상이 그를 알지 못하였고 자기 땅에 오매 자기 백성이 영접하지 아니하였으나 영접하는 자 곧 그 이름을 믿는 자들에게는 하나님의 자녀가 되는 권세를 주셨으니 이는 혈통으로나 육정으로나 사람의 뜻으로 나지 아니하고 오직 하나님께로부터 난 자들이니라 말씀이 육신이 되어 우리 가운데 거하시매 우리가 그의 영광을 보니 아버지의 독생자의 영광이요 은혜와 진리가 충만하더라”(요 1:9-14).

비로소 나는 예수 그리스도를 창조주이자 구원자로 믿게 되었다.

9

어떻게 창조주 하나님을 믿게 되었나?

무신론 과학자였던 나는 '하나님과 과학은 서로 아무런 관계가 없다'고 생각했다. 과학이 무엇인가? 과학은 "물질을 대상으로 자연에 대해 체계화한 학문"이라 정의할 수 있다. 과학은 원인과 결과에 대한 추론을 바탕으로 하고, 과학 지식은 물질에 대한 반복된 실험에 기초한다.

무신론 유물론자였던 나는 눈에 보이지 않는 영적 존재나 초자연적인 존재를 받아들일 수 없었다. 궁극의 실체는 오직 물질뿐이라고 믿었다. 생명체를 포함해 온 우주 만물을 물질과 자연의 작용으로 설명할 수 있으리라 여겼다.

물질계에는 법칙과 질서, 유전 정보, 형태, 조화 등이 존재한다. 이를 이용해 우주의 새로운 현상과 질서, 작용, 법칙을 발견하는 일이 과학자들의 연구 목표이다. 원인과 결과에 대한 과학 추론을 바탕으로 입법자들은 법칙을 마련하고, 지성인들은 질서를 만들어 낸다.

하지만 원인이 없다면 아무것도 존재할 수 없다. 이 최초의 원인이 전능하신 창조주 하나님이라고 추정한다면, 논리에 맞다. 오히려 분명한 원인 없이 어떤 것이 존재할 수 있다고 믿는다면, 이는 논리에 어긋나는 일이다. 컴퓨터가 있다면 컴퓨터를 만든 존재가 있기 마련이다. 인간의 몸에서 가장 복잡하다고 알려진 기관이 두뇌인데, 이 두뇌가 아무런 지각 없이 단지 시간과 우연에 따른 진화의 과정을 거쳐 존재하게 되었다고? 그럴 리가 없다.

하나님이 우주 만물을 창조하셨다. 따라서 우주는 하나님의 작품이며 하나님의 설계에 따른 결과물이다. 과학의 세계를 창조하신 분도 바로 하나님이시다.

나는 오랫동안 우주의 기원에 대한 궁금증을 풀기 위해 답을 찾아다녔다. 과학을 신봉하는 유물론자들은 우주가 시작도 끝도 없이 영원하다고 주장한다. 하지만 원인과 결과에 대한 과학에서의 추론을 바탕으로 하면, 이는 분명 논리에 맞지 않는 이야기이다.

현대 천체 물리학의 증거에 따르면, 우주는 밀도가 아주 높은 뜨거운 플라즈마 상태의 작은 점 하나에서 나왔다고 한다. 이 작은 점에서 ‘빅뱅’이라고 알려진 대폭발이 일어났다. ‘우주 달걀’(Cosmic Egg)이 폭발하면서 질량과 에너지가 온 우주로 퍼져 나갔을 뿐 아니라, 이 사건으로 인해 물질계의 공간과 시간이 만들어졌다고 한다. 그렇다면 “이 원시의 우주 달걀은 어디에서 나온 것일까? 빅뱅의 원인은 무엇일까?”라는 궁극의 의문이 든다.

과학은 원인과 결과를 바탕으로 한다. 즉 원인 없이 무(無)에서 유(有)가 생길 수 없다. 그러므로 틀림없이 우주를 존재하게 한 ‘최초의 원인’이 있었으리라. 우주에는 시작이 있기 때문에 우주의 시작을 가능하게 한 원인이 필요하다. 우주에 시작이 있다면 틀림없이 우주의 창조자도 있다. 온 우주의 창조자, 바로 하나님이시다.

하나님은 영원하셔서 시작도 끝도 없는 분이시다. 언제나 존재하신다. 하나님은 눈에 보이지 않는 영이시므로 인간의 육안으로는 하나님을 직접 볼 수가 없다. 과학은 우리가 오감을 통해 느낄 수 있거나 과학 실험 도구로 감지할 수 있는 물질 세계만을 다룬다. 따라서 하나님의 존재를 과학 실험 도구로 직접 증명하기란 불가능한 일이다. 다만 하나님은 피조 세계를 통해 하나님 자신을 계시하신다.

하나님의 창조에 관한 여러 증거들이 있다. 핵심은 태초에 하나님이 천지를 창조하셨다는 사실이다. 그리고 전능하신 하나님이 온 우주를 창조하셨다는 사실은 하나님이 하신 모든 말씀의 기초이다.

창세기 1장을 공부하면서 1절에 등장하는 '창조'의 히브리어 어원을 알게 되었다. '창조'는 히브리어로 '바라'(bara)이며, '절대 무(無)에서 유(有)로'를 뜻하는 '엑스 니힐로'(Ex-nihilo)를 가리킨다. '바라'가 문장에서 동사로 위치할 때 주어는 항상 '전능하신 창조주 하나님'이다. 오직 전능하신 하나님만이 무에서 유를 창조하실 수 있다는 뜻이다. 하나님은 시간을 창조하셨고, 또한 시간을 초월하는 분이시다.

하나님의 존재를 눈으로 직접 볼 수는 없지만, 하나님이 만드신 피조 세계가 그분의 존재를 계시하고 있다. 우주 만물에는 여러 가지 질서와 자연법칙이 존재하며, 이들은 서로 오묘하게 조화를 이루며 살아간다. 이 모두가 우연의 결과일 뿐이라고? 나는 그렇게 생각하지 않는다.

원인이 있으면 결과가 있다는 인과율이 과학의 기본 이치이다. 그렇다면 물질과 에너지의 기원은 무엇일까? 초기 원인이 없으면 아무것도 존재할 수 없다. 다행히 우리는 최초의 원인이 전능하신 창조주 하나님이라는 사실을 알고 있다.

성경은 창세기 1장 1절에 "태초에 하나님이 천지를 창조하시니라"라는 말씀으로 하나님이 우주를 창조하신 전능한 창조주이심을 선포하고 있다. 하나님은 무에서 유로 물질을 창조하셨다. 우주 만물은 하나님의 지혜와 설계의 산물이다. 과학은 물질 세계를 대상으로 하는 학문이며, 과학 연구란 하나님이 만드신 피조물 속에서 새로운 현상과 법칙을 발견하는 일이다. 과학의 세계를 창조하신 분은 바로 하나님이시다. 하나님은 하나님이 창조하신 피조물을 통해 그 존재를 계시하신다. 성경은 이렇게 선포한다.

"창세로부터 그의 보이지 아니하는 것들 곧 그의 영원하신 능력과 신성이 그가 만드신 만물에 분명히 보여 알려졌나니 그러므로 그들이 핑계하지 못할지니라"(롬 1:20).

"하늘이 하나님의 영광을 선포하고 궁창이 그의 손으로 하신 일을 나타내는도다 날은 날에게 말하고 밤은 밤에게 지식을 전하니 언어도 없고 말씀도 없으며 들리는 소리도 없으나 그의 소리가 온 땅에 통하고 그의 말씀이 세상 끝까지 이르도다"(시 19:1-4).

"만물이 그로 말미암아 지은 바 되었으니 지은 것이 하나도 그가 없이는 된 것이 없느니라"(요 1:3).

"우리 주 하나님이여 영광과 존귀와 권능을 받으시는 것이 합당하오니 주께서 만물을 지으신지라 만물이 주의 뜻대로 있었고 또 지으심을 받았나이다 하더라"(계 4:11).

창조주 하나님의 존재에 대한 또 다른 중요한 증거는 우리 마음속 양심의 존재이다. 양심이란 옳고 그름을 분별하도록 도와주는 품성, 직관력, 판단력을 말한다. 하나님이 우리에게 양심을 주셨기 때문에 우리는 법을 어기는 즉시 이를 알 수 있고, 잘못된 일을 행하면 양심의 가책을 받아 회개할 수 있게 된다.

수많은 세상 종교와는 달리, 창조주 하나님은 성경을 통해 우리가 어디에서 왔으며, 우리 삶의 목표가 무엇인지, 우리의 최후 숙명이 무엇인지 나타내실 뿐 아니라, 하나님의 속성과 계획에 대해서도 말씀하셨다.

만물의 기원이 창조주 하나님의 계획과 섭리로 창조되었는가, 아니면 무신론자들의 견해대로 저절로 진화되었는가의 관점에 따라 교육의 방향과 내용이 크게 달라진다. 창조주를 부인하는 교육은 삶에 관한 모든 것을 왜곡한다. 기독교 교육에서는 하나님의 말씀을 중심으로 학교의 설립 목적과 교육 방향을 잡아 창조주 하나님을 명확하게 증거해야 한다. 창조주 하나님의 말씀이 명확하게 드러나도록 가르침으로써 하나님의 진리가 삶의 중심이 되어야 함을 학생들이 깨닫도록 해야 한다.

창조주 하나님은 인간이 풍요로운 삶을 영위하는 데 필요한 모든 것을 성경 말씀과 그분의 속성을 통해 밝히신다. 기독교 교육을 받은 학생이라면 삶의 모든 영역에 걸친 하나님의 뜻이 무엇인지 명확하게 이해해야 하고, 말씀의 진리를 체계 있게 적용할 수 있도록 필요한 지식을 익히고 졸업해야 한다.

학교는 하나로 결합된 인간의 영성과 지성, 감성, 육체 모두를 하나님이 전인격의 측면에서 어루만지시는 통합 교육의 현장이다. 그러므로 학교는 학생들이 하나님의 진리를 만나는 현장이 되어야 한다.

10

어떻게, 그리고 왜 기적을 믿게 되었나?

세상에 대한 인간의 상식과 모순되는 사건을 일컬어 '기적'이라 부른다. 반면 물리 법칙은 자연 또는 초자연적인 다른 어떤 요소도 과학 법칙의 지배를 받는 작용을 방해하지 않는다고 가정한다.

예컨대 손으로 돌을 들어 올릴 때 이 돌에 작용하는 중력의 법칙을 무시하거나 거스를 수는 없다. 돌이 들리는 이유는 돌을 든 사람의 근육의 힘이 중력보다 더 커서 중력을 이기기 때문이다. 돌은 스스로 공중에 뜨지 못한다. 만일 어떤 보이지 않는 힘이 돌을 들어 올린다면, 우리는 이 사건을 기적으로 생각할지 모른다. 힘이 눈에 보이느냐, 보이지 않느냐는 돌의 움직임 자체에 영향을 끼치지 않는다. 하늘을 나는 독수리가 중력의 법칙을 무시하거나 거스를 수는 없다. 독수리가 날 수 있는 이유는 독수리의 근육의 힘이 중력보다 더 커서 중력을 이기기 때문이다. 독수리가 죽으면 중력의 법칙에 따라 땅에 떨어진다.

상위 차원의 세계에 작용하는 힘이 하위 세계의 힘을 이기거나 능가한다. 눈에 보이지 않는 영의 세계의 법칙이 자연계의 물리 법칙을 능가한다.

기적은 오감을 바탕으로 실험을 통해 밝힐 수 있는 자연과학의 영역 밖에 있다. 보이지 않는 영의 세계가 과학의 영역 밖에 있기 때문에 많은 사람이 기적을 믿지 못한다. 기적을 받아들이려면 오감의 한계를 뛰어넘어 영적인 영역으로 들어가는 양자 비약(飛躍), 즉 엄청난 변화가 필요하다. '기적을 받아들일 수 있는가'의 문제는 우리의 관점이 어느 차원에 있느냐에 따라 달라진다.

실제로 과학과 기적은 상충하지 않고, 상호 모순되지 않는다. 오히려 과학과 기적은 양립이 가능하다. 하나님이 모든 과학 법칙을 만드셨기 때문이다. 하나님은 모든 과학 법칙 위에 계신 독립된 분이시므로 뜻하시면 언제든지 이들 법칙을 무효로 하실 수 있지만, 보통은 그대로 두신다. 하나님은 우주의 제한을 받거나 갇히지 않으신다. 하나님은 시간과 공간과 질량(에너지), 즉 과학의 3요소를 창조하셨다. 뿐만 아니라 모든 생명의 근원이시다.

마침내 나는 골로새서 1장 16절 말씀처럼, 보이는 세계와 보이지 않는 세계를 모두 포괄하는 세계관을 깨닫게 되었다.

"만물이 그에게서 창조되되 하늘과 땅에서 보이는 것들과 보이지 않는 것들과."

하나님이 만드신 5가지의 영역, 즉 물질 세계, 식물 세계, 동물 세계, 인간 세계, 영적 세계가 있다. 하나님은 각각의 세계와 각각의 영역별로 질서와 법칙을 정해 주셨다. 원자로 이루어진 물질 세계에서는 물리 법칙에 따라 원자핵을 중심으로 전자가 회전하도록 하셨다. 식물과 동물 세계에는 번식이나 성장과 같이 생명체에 적용되는 생물학 법칙을 만들어 주셨다.

동물에게 주신 법칙과는 달리 인간 세계에는 하나님이 하나님의 형상대로 지으신 인간에게 부여하신 도덕적, 영적 법칙이 있다. 인간은 단순히 물리적인 존재가 아니라 도덕성과 영성을

05. 영적 세계(Spiritual level) – 영적 법칙

보이지 않는 세계
(초자연적)
신학
영적 갈등 영역
(죄로 인하여 발생한 죄의 영역)
과학
믿음
계시
보이는 세계
(자연적, 오감)
은혜
영적 체험 > 세상 지식
≥
=
≤
영적 체험 < 세상 지식

04. 인간 세계(Spiritual level) – 도덕적, 영적 법칙
(지성, 감성, 의지, 이성, 도덕적, 양심)

03. 동물 세계(Animal level) – 동물학 법칙
(생물학 법칙+제한된 정신 영역)

02. 식물 세계(Plant level) – 식물학 법칙
(번식과 성장)

01. 물질 세계(Material level) – 물리 법칙

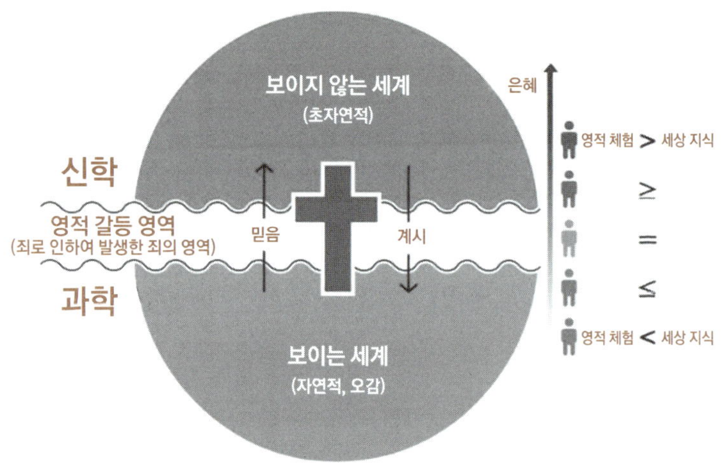

창조 세계의 5가지 영역

지닌 존재이다. 인간의 영혼은 지성, 감성, 의지로 이루어져 있다. 또한 인간에게는 영이 하는 또 다른 중요한 기능인 양심이 있다. 동물과 인간을 구별 짓는 주요한 특징인 양심이 없다면 인간은 진실로 좋은 삶을 살 수 없다.

하나님은 인간에게 동물과는 달리 영을 불어 넣으시고 인간이 지켜야 할 법, 즉 십계명을 주셨다. 제1계명에서 제4계명에는 인간과 하나님 사이의 영적 관계를 명시하셨고, 제5계명에서 제10계명에는 인간과 인간 사이에서 지켜야 할 도덕률을 알려 주셨다. 인간은 영을 통해 영이신 하나님께 예배하며 기도드린다.

상위 세계의 법칙은 하위 세계의 법칙을 포함하고, 또 그보다 우선한다. 보이지 않는 영적 세계의 법칙은 보이는 자연 세계를 지배하는 최상위 법칙이다. 보이는 자연 세계는 보이지 않는 영적 세계를 암시하는 또 다른 현상으로서, 결국 동일한 실재를 보여 주고 있다[필립 얀시, 《내 눈이 주의 영광을 보네》(좋은씨앗 역간, 2014)].

즉 자연과 초자연은 별개의 두 세상이 아니라 동일한 실재에 대한 서로 다른 표현이다. 영화를 볼 때 우리는 눈앞에 펼쳐지는 장면에 감동을 받는다. 하지만 한 편의 영화를 탄생시키기 위해서는 영화 제작 이전부터 기획, 각본, 촬영, 녹음, 편집, 홍보에 이르기까지 셀 수 없이 많은 과정을 거쳐야 한다. 이 모든 과정이 우리 눈에 보이지 않는다고 그 존재를 부인할 수 없는 것처럼, 영적 세계도 눈에 보이지 않지만 분명히 존재한다. 보이지 않는 영적 세계는 믿음을 통해서만 알 수 있다.

"믿음으로 모든 세계가 하나님의 말씀으로 지어진 줄을 우리가 아나니 보이는 것은 나타난 것으로 말미암아 된 것이 아니니라"(히 11:3).

과학은 보이는 물질계에 관한 학문이고, 신학은 보이지 않는 영적 세계에 관한 학문이다. 과학 연구는 물질계의 영역 속에 제한된다. 많은 사람이 보이는 물질 세계의 존재만을 받아들이고 믿는다. 그러나 보이지 않는다고 해서 존재하지 않는다는 의미는 아니다. 보이지 않는 실재는 단지 과학의 영역을 벗어난 영적 세계에 속해 있기 때문에 보이지 않을 뿐이다.

창세기 1장에 나오는 '태초', 즉 창조 때에는 자연과 초자연이 서로 분리된 별도의 세상이 아니었다. 자연과 초자연은 연결되어 있었다. 그런데 죄가 들어와 이 연결을 끊어 버렸다. "선악을 알게 하는 나무의 열매는 먹지 말라"(창 2:17)라는 하나님의 명령을 어긴 죄 때문이다.

이제 우리는 자연 세계에 속한 상태로 태어난다. 따라서 오감을 통해서는 하나님을 인식할 수 없다. 우리는 성장하면서 중립 지대의 틈, 즉 영적 갈등 영역으로 올라간다. 하나님의 선물과도 같은 놀라운 은혜로 성령의 힘을 의지해 이 영역을 통과한 후 영적 세계로 들어갈 수 있다. 보이는 자연 세계와 보이지 않는 영적 세계를 분리하고 있는 이 틈은 오직 예수 그리스도께서 못 박혀 죽으신 십자가를 통해서만 연결되고 이어질 수 있다.

11

인생의 BC와 AD가 갈라지다

1974년 부활절을 며칠 앞둔 3월 말, 책방에 들러서 핼 린지(Hal Lindsey)가 쓴 《지구의 해방》(*The Liberation of the Planet Earth*)을 구입했다. 이 책은 그동안 내가 느꼈던 여러 의문들, 즉 하나님은 어떤 분이시며, 하나님의 아들이 왜 동정녀 마리아의 몸에서 탄생하셔야 했는지, 인간의 죄는 무엇이며, 왜 예수 그리스도의 죽음만이 우리 죄를 사해 줄 수 있는지에 대해 명쾌한 해답을 제시하고 있었다.

저녁 식사도 거른 채 책 읽기에 몰두했다. 밤늦게까지 책을 다 읽고 나자, 마치 내 눈을 덮고 있던 비늘이 떨어져 나가듯이 드디어 영의 세계가 열리고 있었다. 무언가 형언할 수 없는 기쁨이 몰려왔다. 나의 지식이 아닌, 하나님의 은혜를 통해 진리를 깨닫는 경험을 했다. 내 인생의 BC와 AD가 갈라지는 날이었고, 진정한 의미의 새날, 새로운 여행이 시작되었다.

비로소 하나님의 성품이 이해되기 시작했다. 하나님은 하늘과 땅에 있는 것들, 곧 보이는 것들과 보이지 않는 것들을 모두 창조한 창조주시다(골 1:16). 창조주 하나님은 영원하고 거룩하

1974년 4월 NASA 연구실에서

시며, 전지전능(全知全能)하고 무소부재(無所不在)하신 분이다. 또한 하나님은 공의의 하나님이며 사랑의 하나님이시다!

"여호와 하나님이 그 사람에게 명하여 이르시되 동산 각종 나무의 열매는 네가 임의로 먹되 선악을 알게 하는 나무의 열매는 먹지 말라 네가 먹는 날에는 반드시 죽으리라 하시니라"(창 2:16-17).

하나님은 인간을 인격이 없는 로봇처럼 창조하지 않으셨다. 인간에게 자유의지를 주셔서 하나님의 명령을 자발적으로 청종하기를 바라셨다. 선악과를 먹지 말라고 하심으로써 인간이 스스로 선택하도록 자유를 주시고, 하나님과 같은 인격을 지닌 존재로 대우하셨다. 결국 선악과는 인간이 하나님의 말씀을 청종하는지 보시려는 일종의 테스트였다.

하지만 아담과 하와는 선악과를 따 먹었고, 하나님이 선포하신 말씀대로 인간에게 영과 육체의 죽음이 함께 찾아왔다.

"살리는 것은 영이니 육은 무익하니라"(요 6:63).

"우리의 연수가 칠십이요 강건하면 팔십이라도 그 연수의 자랑은 수고와 슬픔뿐이요 신속히 가니 우리가 날아가나이다"(시 90:10).

죽음은 하나님과의 분리를 말한다. 사탄의 말을 따른 인간은 하나님과 분리되었고, 하나님의 자녀가 아닌 사탄의 종이 되고 말았다. 그러나 사랑의 하나님은 영원한 형벌로 죽음을 선고받은 인간을 되찾아 하나님의 자녀로 회복시키기를 원하셨다. 하나님은 영원한 형벌로부터 인간을 어떻게 구하셨나? 하나님은 인간의 죄를 어떻게 용서하셨나?

"율법을 따라 거의 모든 물건이 피로써 정결하게 되나니 피흘림이 없은즉 사함이 없느니라"(히 9:22).

이런 까닭에 하나님은 구약 시대에 인간 대신 흠 없는 소와 양과 염소의 피로 하나님께 속죄의 희생 제물을 드릴 수 있는 길을 먼저 열어 주셨다.

그러나 동물 희생 제물은 속죄를 위한 온전한 화목 제물이 될 수 없었다. 죄에 빠진 인간을 구원하기 위한 조건으로 동물을 희생 제물로 드리는 불완전한 제사가 아니라, 사람으로 오신 예수 그리스도의 온전한 희생이 필요했다. 인간은 죄 때문에 어느 누구도 예수님이 이루신 일을 대신할 수 없었다. 구원의 조건을 만족시키기 위해 하나님의 아들이신 예수님이 동정녀 마리아의 몸을 통해 성령으로 잉태되어 죄가 없는 완전한 사람으로 태어나셔야 했다. 다시 말해, 모든 인간이 화목 제물로서의 자격을 상실했기 때문에 우리의 죗값을 지불하기 위해 하나님이 친히 오셔서 죽으셔야 했다.

"염소와 송아지의 피로 하지 아니하고 오직 자기의 피로 영원한 속죄를 이루사 단번에 성소에 들어가셨느니라"(히 9:12).

"보라 세상 죄를 지고 가는 하나님의 어린양이로다"(요 1:29).

"그는 우리 죄를 위한 화목 제물이니 우리만 위할 뿐 아니요 온 세상의 죄를 위하심이라"(요일 2:2).

"이 예수를 하나님이 그의 피로써 믿음으로 말미암는 화목 제물로 세우셨으니 이는 하나님께서 길이 참으시는 중에 전에 지은 죄를 간과하심으로 자기의 의로우심을 나타내려 하심이니"(롬 3:25).

십자가에 달리신 예수님이 "다 이루었다"(요 19:30)라고 하신 말씀은 헬라어로 '테텔레스타이'(tetelestai)이다. 이 말은 상거래를 할 때 '값을 다 지불했다'는 뜻이다. 집을 살 때 계약금을 내고 중도금과 마지막 잔금까지 다 치르면 소유권이 이양되듯이, 우리의 죗값을 다 지불하신 예수 그리스도로 인해 우리는 하나님의 소유가 되었다. 그러므로 예수 그리스도를 구주로 영접하고 그분의 이름을 믿기만 하면 우리의 소속이 하나님의 자녀로 바뀌게 된다.

"하나님이 세상을 이처럼 사랑하사 독생자를 주셨으니 이는 그를 믿는 자마다 멸망하지 않고 영생을 얻게 하려 하심이라"(요 3:16).

이 말씀에는 하나님이 인간을 구원하신 이유와 대가, 방법, 결과가 다 들어 있다. 하나님이 우리를 구원하신 이유는 오직 그분의 사랑 때문이다. 하나님은 하나뿐인 아들 예수 그리스도의 죽음으로 우리의 죗값을 치르시고, 우리가 그 지불금이 되신 예수님을 '믿기만' 하면 구원받을 수 있도록 하셨다. 그 결과로 예수 그리스도를 믿는 우리는 멸망하지 않고 영생을 얻게 되었다. 이것이 바로 복음 중의 복음이요, 은혜 중의 은혜이다.

그렇다면 하나님은 왜 우리를 사랑하시는가? 바로 하나님이 우리를 사랑하시되 우리의 행함이나 성취 때문이 아니라, 하나님이 우리를 창조하셨고 사랑으로 속량하셨으며 모든 인간에게 생명의 참된 근원인 사랑을 선포하도록 우리를 택하셨기 때문이다. 이것이 우리가 기억해야 할 위대한 메시지이다[헨리 나우웬,《예수의 이름으로》(두란노 역간, 2008)].

하나님의 말씀이 내 삶 속으로 쏟아져 들어오면서 이때까지 단편적으로만 알고 있었던 성경 지식들이 연결되기 시작했다. 복음의 핵심과 예수 그리스도의 은혜를 깨닫기 시작하자, 이리 저리 흩어졌던 퍼즐 조각들이 제자리를 찾아 하나의 분명한 그림으로 완성되는 듯했다.

바로 그날 밤, 나는 약 2,000년 전 십자가에 달리신 예수 그리스도의 죽음이 바로 나를 위한 죽음이었다는 사실을 확실히 깨달았다. 예수님을 믿음으로써 이제 나는 하나님의 자녀가 될 수 있었다. 오랜 영적 방황 끝에, 창조주 하나님이자 인간이신 예수 그리스도를 마침내 나의 구원자, 나의 주님으로 영접했다.

"영접하는 자 곧 그 이름을 믿는 자들에게는 하나님의 자녀가 되는 권세를 주셨으니"(요 1:12).

가슴이 뜨거워졌다! 나는 감격에 차서 아내에게 말했다.

"창조주 하나님이 어떤 분이신지, 예수님이 왜 육신을 입고 이 땅에 오셔야만 했는지, 그리고 왜 예수님이 십자가에서 죽으셔야만 했는지 이제야 알았소."

기쁨과 환희의 외침이었다. 아내와 손을 잡고 기도하는데 눈물이 흘러내렸다.

"하나님, 이 복음의 진리를 왜 여태 몰랐을까요? 그동안 이 사실을 모르고 지내 온 세월이 죄송스럽습니다. 이 밤에 놀라운 복음의 비밀을 깨닫게 해 주셔서 감사합니다. 이런 은혜를 받은 우리가 앞으로 어떻게 살아야 하나님의 마음을 기쁘시게 해 드리는 삶이 될까요?"

그날 밤 알버트 아인슈타인(Albert Einstein)이 1954년에 과학과 신앙에 대해 저술한 수필 《과학과 종교》(*Science and Religion*)에 적었던 글귀가 떠올랐다.

"종교가 없는 과학은 절름발이 모양과 비슷하며, 과학이 없는 종교는 맹인과 유사하다"(Science without religion is lame, religion without science is blind).

무신론 과학자였던 나는 드디어 눈에 보이는 유물론의 세계에서 벗어나 보이지 않는 영적 세계로 높이 발돋움할 수 있었다. 하나님의 은혜로 전능하신 창조주 하나님을 믿게 되었고, 이제 창조 신앙을 온전히 받아들일 수 있게 되었다.

12

예수님의 이중성: 하나님이시자 사람

예수 그리스도의 이중성, 즉 예수님이 하나님이면서 동시에 사람이시라는 사실을 이해하기란 내게 너무나 어려운 문제였다. 무엇이 예수님의 실존인가? 사람, 아니면 하나님? 둘 다 아니라면 아무것도 아니라는 사고방식, 즉 양자택일의 이분법을 근거로 하면, 예수님은 하나님이실 수도 사람이실 수도 없다.

존재의 본질을 파악하고 싶으면 대상을 여러 조각으로 분리해 생각하지 말고 상호 연관된 하나의 총체로 바라보아야 한다. 빛을 예로 들어 보자. 빛의 실체가 무엇인가? 파동인가, 아니면 입자인가? 빛은 위치에 따라 파장처럼 보이기도 하고, 입자처럼 보이기도 한다. 파장과 입자라는 빛의 이중성은 양자택일의 이분법으로는 이해할 수 없으며, 또 실험으로 증명할 수 있는 명제도 아니다.

1947년 닐스 보어(Niels Bohr)는 덴마크 정부로부터 덴마크 최고 훈장으로 꼽히는 '코끼리 훈장'(Order of the Elephant)을 받았다. 코끼리 훈장은 왕족이나 최상위 장군들에게만 수여되는 상으로, 이 훈장을 받기 위해서는 가문의 문장(紋章)이 필요했다. 그러나 닐스 보어는 평범한 신분이었기 때문에 가문의 문장이 없었고, 덴마크 정부는 닐스 보어에게 문장을 직접 디자인하라고 지시했다. 닐스 보어는 문장을 고안했고 민간인으로서는 처음으로 훈장을 받았다.

닐스 보어가 당시 만들었던 문장의 중심에는 태극 마크가 그려져 있다. 이는 닐스 보어가 다음 그림에서 보여 주는 '상보성 원리'(Principle of Complementarity)를 떠올리는 데 동양의 음양 태극 사상에서 영감을 받았기 때문이라고 한다.

닐스 보어는 아인슈타인도 이해할 수 없다던 빛의 파장과 입자의 이중성을 상보성 원리로 완벽히 설명해 냈다.

프린스턴대학교 물리학과의 존 휠러(John Wheeler) 교수는 "닐

닐스 보어(1885-1962)

닐스 보어가 디자인한 코끼리 훈장 문장(1947)

오리-토끼

꽃병 – 얼굴

스 보어의 상보성 원리는 금세기 최고의 혁신적인 과학 개념이
자, 빛의 파동-입자 이중성에 대한 양자 개념을 완전히 밝히고
자 했던 그의 50년 연구의 핵심"이라고 평가했다(John Wheeler,
"Fugitive and Cloistered Virtue. A Tribute to Niels," *Physics Today*, Jan.
1963, p. 30).

빛의 본질은 파장이나 입자가 아니라 파장도 되고 입자도 된
다. 따라서 빛은 파동이면서 입자라는 이중성을 지닌다. 닐스 보
어의 상보성 원리는 '오리-토끼'와 '꽃병-얼굴' 그림으로 보다
쉽게 이해할 수 있다.

'오리-토끼' 그림은 왼쪽에서 보면 오리이지만, 오른쪽에서
보면 토끼로 보인다. 결국 오리와 토끼가 둘 다 포함된 그림이
다. 우리는 오리나 토끼로 양편을 따로 볼 수는 있지만, 오리와
토끼를 동시에 볼 수는 없다. '꽃병-얼굴' 그림은 어느 측면에
서 바라보는가에 따라 검은색 꽃병이 되기도 하고, 두 사람이 마
주 보고 있는 흰색의 얼굴이 되기도 한다. 검은색 꽃병과 흰색
얼굴을 동시에 볼 수는 없다. 하지만 오리와 토끼, 꽃병과 얼굴
은 실제로 동시에 존재하고 있다.

마찬가지로 빛의 두 가지 특성으로 관찰되는 파동과 입자의

이중성은 양자택일의 이분법으로 이해될 수 없기에 '역설'이라고 불린다.

이처럼 닐스 보어의 상보성 이론이 빛의 이중성을 설명하듯이, 과학과 신앙도 같은 맥락에서 이해할 수 있다. 나는 하나님이자 동시에 사람이시라는 예수 그리스도의 이중성을 받아들이기 어려웠다. 뿐만 아니라 하나님의 속성인 공의와 사랑이 서로 모순처럼 보여서 처음에는 이해하기 힘들었다. 하지만 결국 두 속성이 상보성 원리로 설명될 수 있다는 사실을 깨달았고, 이런 깨달음으로 인해 하나님이며 사람이신 예수 그리스도의 실존도 확고히 믿을 수 있게 되었다.

1927년 닐스 보어는 상보성 원리를 제안하면서 이렇게 말했다. "참 명제의 반대는 거짓 명제이다. 그러나 심오한 진실의 반대는 또 다른 심오한 진실일 수 있다."

이 말은 세상을 전체로서 이해하는 데 꼭 필요한 역설의 개념이다. 세계를 전체로서 바라보는 소위 전체론(Holism)은 특히 교육에서 중요하다. 21세기에는 정신과 육체의 자아를 아우르는, 총체적(Holistic) 시각의 세계시민교육을 도입하는 것이 바람직하다.

1995년 3월 7일 한동대학교 개교식에서

4부

세계관과
교육 패러다임의 변화

13

21세기 교육으로의 전환

지례동 양동댁의 7살 시골 소년이었던 나는 자동차를 보기도 전에 산 너머 창공을 날아가는 비행기를 먼저 보았다. 그리고 비행기를 만드는 공학자가 되겠다는 꿈을 꾸었다. 어린 시절의 꿈을 이루기 위해 뉴욕 트로이의 RPI 공과대학에서 재료공학을 공부하고, 공부를 마친 후에는 오하이오주 클리블랜드에 위치한 NASA 루이스연구소에 근무하며 새로운 초내열 합금을 개발했다.

1979년 귀국 후에도 카이스트 교수로 신소재 연구를 꾸준히 계속하면서 보다 발전된 형태의 새로운 합금을 개발하기 위해

대학원생들과 함께 많은 연구를 했다. 하지만 교육자로서 학생들과 직접 상호 작용할 기회가 거의 없었다. NASA와 카이스트에서 보낸 20년의 연구 경력을 통해 나는 '사람이 연구의 중심'이라는 점을 깊이 깨달았다. 미래를 위해 연구하는 주체도, 연구 결과를 활용하는 주체도 결국은 사람이기 때문이다.

이러한 생각에 이끌려 포항에 신설되는 한동대학교로 내려갔다. 공학자가 되리라는 꿈을 꾸던 어린 소년이 이제 반백의 나이에 다시 새로운 꿈을 꾸기 시작했다. 21세기의 필요를 깨닫고 세상에 대해 책임질 줄 아는 인재들을 양성하기 위해 한동대학교에서 새로운 교육 패러다임을 개척하기를 바랐다.

1994년 한동대학교 초대 총장 내정자로 부임하면서 새로운 교육 기반을 설계하기 위한 핵심 방침 3가지, 즉 국제화, 인간화, 미래화 교육을 제시했다.

국제화＝지역을 뛰어넘어 세계로 – 더불어 살아가기

21세기는 국제화와 급격한 과학기술 발전의 시대이다. 국제화는 세계 통합을 가속화하고 가중시켜 '시공간의 압축'을 일으키고 있다. 과학기술의 급속한 발전으로 세계가 좁아지고 개별 시장이 연결되면서 글로벌 생산자와 글로벌 소비자가 존재하는 세계 시장이 탄생했다. 경제의 국제화로 상품과 서비스, 자본, 노동력의 흐름이 증가하면서 국가 간에 밀접한 경제 통합이 일어나고 있다.

이런 국제화 현상에 대해 토머스 프리드먼(Thomas Friedman)은 "세계는 평평하다"라는 말을 남겼다. '평평함'이란 '연결됨'을 의미한다. 무역과 정치의 장벽 축소, 디지털 혁명의 급격한 발전으로 우리는 거의 모든 일을 지구 전역의 수십억 명과 동시에 즉각 처리할 수 있게 되었다. 20세기에는 지리상의 경계에 접근 제한을 받았다. 하지만 21세기에는 물리 공간을 무한한 가상의 사이버 공간으로 확장한 신기원이 시작되었다. 사이버 공간은 눈에 보이는 유형의 현실에 국한되지 않고 가상 현실로 향하는 문을 열었다.

사람들이 일하고 살아가는 공간이 무한히 확대됨에 따라 학생들이 실제 세계와 가상 세계를 넘나들며 일할 수 있도록 교육의 시선을 넓혀야 한다. 21세기 번영의 열쇠는 '열린 공간에서 열린 마음으로 사고할 줄 아는 능력'이다.

과거의 교육은 현실 세계에서 이미 발견된 자료와 정보를 통해 지식을 축적하는 데 초점을 맞췄다. 과거에는 이 정도로도 충분했다. 하지만 21세기에는 더 많은 역량이 요구된다. 따라서 오늘날의 교육은 미지의 세계를 탐구하고, 끊임없이 변화하는 세상의 필요에 대응하는 능력을 키우는 데 중점을 두어야 한다. 학교에서 학생들은 어려운 문제에 직면하고 이를 해결할 수 있는 능력을 길러야 한다. 다시 말해, 학교는 전 세계의 유례없는 문제들을 인식하고 더불어 살아가야 할 세상에 대해 책임감을 지닌 세계시민을 길러 내야 한다.

인간화: 지식교육에서 전인교육으로

1950년대 데이터의 시대, 1980년대 정보의 시대, 1990년대 지식의 시대를 거쳐, 이제 우리는 21세기 지혜의 시대를 살고 있다.

지혜란 무엇인가? 《옥스포드 영어 사전》(*Oxford English Dictionary*)에서는 지혜를 "삶과 행동에 관한 문제들을 올바르게 판단할 수 있는 역량, 목적과 수단을 선택하는 데 필요한 판단의 견실성"이라 정의하고 있다. 지혜는 단순한 지능이나 지식, 이해력이 아니다. 교과서에서 얻을 수 있는 능력도 아니다. 오히려 지혜는 생각하고 행동할 때 이런 것들을 활용함으로써 결실 있는 이로운 선택을 할 줄 아는 능력이지, 복잡한 기계나 로봇을 이용해서 얻을 수 있는 능력이 아니다.

기계나 로봇은 '빅 데이터'(Big Data)를 활용해 미리 정보를 입력하고 프로그램을 짠 인공지능(AI)에 의해 작동된다. 빅 데이터는 너무 방대하고 복잡해서 전통 방식의 데이터 처리 응용 프로그램으로는 다룰 수 없는, 기존에 이미 알려진 정보 데이터의 집합이다. 지혜의 출처는 이미 존재하는 빅 데이터의 조합이 아니라 오직 인간의 창의성과 직관이다.

21세기 지혜의 시대에 가장 중요한 발전은 인간의 힘이나 기계의 발달이 아니라 지식에 기반해 부를 창출할 수 있는 소프트웨어 체계의 출현이다. 정보가 넘치는 21세기에는 사실상 눈에 보이는 하드웨어의 양보다는 보이지 않는 지식에 의해 국력이 좌우된다. 따라서 국가가 지식과 이해력, 창의성, 독창성을 얼마나 갖추었느냐에 따라 지혜의 수준이 달라진다. 이런 종류의 지식은 부와 힘을 배가한다. 20세기의 단순 기계식 암기 방식은 더 이상 유효하지 않다. 오늘날의 교육은 미지의 세계를 탐구하고,

불가능에 도전하며, 창의성을 계발하는 데 중점을 두어야 한다.

이러한 교육이 성공하려면 육체, 정신, 영혼으로 구성된 인간의 전인격에 대한 이해가 필요하다. 통합된 방식의 전인교육은 육체(우주 안에서 상호 연결된 공간-시간-물질), 정신(지성, 감정, 의지), 영혼(지혜, 직관, 양심)이라는 인간의 모든 영역을 포괄해야 하는데, 이 중에서도 영혼은 인간에게만 있는 독특한 영역이다. 지혜, 직관, 양심이라는 영혼의 면면은 인간이 만든 어마어마한 로봇들에는 존재하지 않는다.

결국 진정한 인간 교육은 지식을 전하고 보급하는 일뿐만 아니라 물리 세계의 수준을 뛰어넘어 지성, 도덕성, 영성의 영역까지 육성할 수 있어야 한다. 특히 인공지능의 해로운 결과와 인간성 말살을 유발할 수 있는 4차 산업혁명 시대에는 통합된 방식의 전인교육뿐 아니라 도덕과 영성 계발이 절실히 필요하다.

미래화: 미래에 대비하는 교육

미래화는 21세기 교육의 핵심 요소 중 하나이다. 미래화는 학생들이 현재 필요한 일에 집중할 뿐 아니라 미래를 예측하고, 현재

내딛는 걸음에 대해 원인과 결과를 따져 생각할 줄 아는 능력을 갖추도록 한다. 또한 미래에 해로운 영향을 끼칠지 모르는데도 당장의 성과에 눈이 멀어 성급한 결정을 내리는 일이 없도록 학생들을 훈련한다.

미래화 교육의 핵심 목표는 이 세상의 한정된 미래를 넘어서 영원한 미래를 준비하는 데 있다. 21세기 교육은 현재와 미래의 요구를 충족시키기 위해 지성, 도덕성, 영성을 함께 배양해야 한다. 과거 전통 방식의 교육법을 고수하는 태도는 예측 불가능하고, 복잡하며, 난해한 국제 현실에 대응할 수 있도록 학생들을 준비시키는 데 부적절하다. 가르치고 학습하는 내용과 방법을 완전히 바꿔야 한다. 새로운 미래 시대의 요구를 충족시키는 청사진은 지금의 청사진과 매우 다르다. 따라서 21세기 교육의 핵심 요소는 미래화이다.

"미래화는 미래의 현실화, 즉 미래를 현실로 가져온다는 의미이다. 비유로 표현하면 미래라는 보이지 않는 캔버스에 그림을 그린 후에 그림을 현실화하는 일이다"(Yoneji Masuda, *The information Society as Post-Industrial Society*, 1981).

이 새로운 형태의 교육은 현재와 매우 다른 미래 세계에 대비하기 위해 미래를 지향해야 한다. 과거, 현재, 미래는 언제나 연결되어 있다. 과거의 문제와 갈등에 대한 역사 이해는 미래의 동향을 예측하고 실현 가능한 미래를 준비하도록 회고의 토대를 제공한다(John D. Pulliam & James J. Van Patten, *History of Education in America*, 1995).

미래는 현재와 공존한다. 현재와 미래는 분리될 수 없으므로 현재의 모든 결정과 조치는 미래의 결과에 영향을 끼친다.

"미래는 현재가 제공하는 대안 중에 고른 선택의 결과가 아니라 먼저 마음과 의지로, 그다음엔 행동으로 만들어 내는 장소이다. 미래는 우리가 가야 할 곳이 아니라 우리가 창조하는 곳이다. 길은 발견하는 것이 아니라 만드는 것이며, 길을 만드는 행동은 길을 만드는 사람과 목적지 모두를 바꾼다"(John Schaar, *Legitimacy in the Modern State*, 1981).

14

생명의 기원에 대한 과학의 관점

생명의 기원은 과거 모든 것의 출발점으로, 현재와 미래 둘 다에 영향을 끼친다. 따라서 생명의 기원에 대한 적절한 이해가 반드시 필요하다. 생명의 기원에는 진화론과 창조론 두 가지 모델이 있다.

진화론은 자연의 기계화 과정으로, 하나님의 역사를 배제한다. 중요한 요소는 오로지 시간과 우연뿐이다. 진화론은 (수소, 질소, 그리고 탄소 등) 물질의 기본 요소가 오랜 시간에 걸쳐 서로 우연히 반응해서, 그 결과 아메바 같은 단세포 원생동물이 형성되었다고 믿는다. 아메바 또한 오랜 시간에 걸쳐 우연히 고등 생명체로 변모했는데, 따라서 모든 생물은 하나의 공통 기원에서 유래한다고 주장한다. 즉 진화론에 따르면 아메바가 지구상 150만 생명체의 아버지인 셈이다.

반면 창조론은 하나님이 지혜와 계획으로 생명을 창조하셨고 모든 생명체가 하나님의 역사에 의해 존재하게 되었다고 진술한다.

어떤 이들은 생물이 무생물에서 저절로 만들어졌다고 생각한다. 하지만 유명한 프랑스 과학자이자 창조론자인 루이 파스퇴르(Louis Pasteur)는 생물이 무생물에서 나올 수 없다는 최초의 과학 증거를 제시했다. 1895년 파스퇴르는 생명의 자연발생설을 부정하는 실험을 실시해 생명은 생명에서만 나올 수 있다는 사실을 입증했다.

생명은 이미 존재하고 있는 생명에서만 나온다. 모든 생물은 하나 이상의 모체로부터 기원한다. 생명이 생명에서만 나온다면, 첫 생명은 어디로부터 왔는가? 바로 이 질문을 통해 하나님이 태초에 첫 생명체를 창조하셨다는 결론에 이르게 된다. 창세기 1장에 나오듯이, 하나님은 처음부터 모든 생물을 각 종류대로 창조하셨고, 하나님이 창조하신 다양한 생명체가 그 종류대로 번식하고 있다.

그레고르 멘델(Gregor Mendel)의 유전 법칙(Hereditary Law)은 한 종이 다른 종으로 변이할 수 없다고 진술한다. 모든 생물은 그 종과 종의 유형에 따라 번식한다. 이 법칙은 하나님이 모든 생물을 각기 그 종류대로 지으셨다는 창조론을 뒷받침해 준다. 즉 모든 종이 각각 창조되었다. 예컨대 개의 품종을 다양하게 할 수는 있지만, 개를 전혀 다른 유형의 동물로 번식시킬 수는 없다.

열역학의 두 법칙은 과학의 가장 기본적이고 보편적인 법칙으로 알려져 있다. 열역학 제1법칙은 '에너지(질량) 보존 법칙'으로 에너지의 총량이 창조되거나 파괴되지 않는다고 진술한다. 그렇다면 최초의 에너지는 어디서 왔는가? 하나님이 창조하셨다는 대답이 논리에 맞다. 하나님은 무에서 물질(에너지)을 창조할 수 있는 유일한 분이시다.

열역학 제2법칙은 '엔트로피 증가의 법칙'으로 알려져 있다. '엔트로피'(entropy)는 헬라어에서 나온 말로, 구조화된 체계 내에서 무질서가 증가하는 정도를 가리킨다. 이 법칙에 따르면, 시간이 지남에 따라 모든 것이 낡고 무작위 상태로 변해 최고의 엔트로피 상태에 도달하게 된다. 이 법칙은 무기물들이 스스로 조직해 복잡한 생명체를 생산한다는 화학 진화론과 상반된다. 개방 체계 내에서도 질서도가 증가하려면 생명체에 이미 존재하는 메커니즘이 있어야 한다.

생물 복제는 오늘날 가장 논쟁이 되고 있는 주제이다. 복제를 어떻게 해석해야 할까? 복제를 생명의 창조로 여길 수 있을까?

최근에 과학자들은 생물을 복제하는 기술을 발전시킬 수 있었다. 이를 생명 창조의 한 형태로 생각할지도 모르겠다. 하지만 이것은 처음부터 맨손으로 무언가를 창조하는 행위가 아니라, 그저 ('복제'라는 단어가 암시하듯이) 이미 존재하고 있는 생명체로부터 하나의 생명체를 모사하는 기술이다. 즉 시작점이 또 다른 생명체에 있다. 이 기술 덕분에 이미 존재하고 있는 양이나 원숭이, 개를 복제할 수 있을지 모르겠다. 하지만 가장 단순한 형태의 생명체일지라도 유기 화학물질로 이 생명체를 만들 수 있는 사람은 없다.

생물과 무생물 사이에 큰 차이가 있다. 비록 물질로 이루어진 몸체에 생명이 존재한다 할지라도 물질 그 자체는 생명이 아니다. 생물에게는 자연과학의 영역을 초월하는 에너지와 힘의 신비한 원천이 있다. 과학자들이 합성 유기 화합물 안에 있는 유전 정보를 암호화할 수 있다 하더라도 생명 자체를 창조해 낼 수는 없다. 생명 기원의 원리에 따르면, 생명은 오직 생명에서만 나온다. 나에게 있어서 진화론을 믿는 일은 창조주 하나님을 믿는 일보다 훨씬 더 많은 믿음이 필요한 일이다.

15

한동대학교, 전인교육의 선봉

"엄청난 도전에 직면한 고등교육은 그 어느 때보다도 근본적인 변화와 혁신이 요구된다. 현재 심각한 가치관의 위기를 겪고 있는 우리 사회는 단순한 경제적 이익 추구를 뛰어넘어 더 깊은 차원의 도덕성과 영성을 함께 추구해야 한다"(UNESCO Reforming Higher Education on 8 July 2009).

2009년 7월 8일에 열린 유네스코고등교육혁신포럼(UNESCO World Conference on Higher Education 2009)에서 유네스코는 이 같은 성명을 발표함으로써 각국 정부들이 고등교육에 투자를 늘리고, 다양성을 장려하며, 지역 협력을 강화함으로써 사회의 필요에 부응하도록 촉구했다. 유네스코는 최종 성명서에서 다음과 같이 기술했다.

"포용적이고 다양한 지식 사회를 구축하기 위한 중요한 힘으로서 고등교육에 투자하고 연구와 혁신, 창의력을 발전시키는 일이 역사상 그 어느 때보다도 더 중요하다."

전 세계 고등교육 기관들은 국경을 넘나드는 지식 이전을 더욱 활성화함으로써 발전 격차 해소를 위해 가교 역할을 해야 할 사회적 책임이 있다. 이런 일들은 특히 개발도상국들이 협력을 통해 두뇌 순환을 촉진하고 두뇌 유출로 인한 피해를 완화할 수 있는 방향으로 진행되어야 한다.

한동대학교의 '장인 공'(工) 자형 전인교육

1990년대 중반에는 많은 중요한 사건이 일어나면서 전 세계가 정보기술 주도의 국제사회로 진입하는 신기원을 이루어 냈다. 가장 큰 사건은 1994년 인터넷의 상용화이다. 그리고 이듬해에는 WTO(세계무역기구)가 GATT(국제무역협정)를 대체하면서 세계가 글로벌 경제의 시대로 들어섰다.

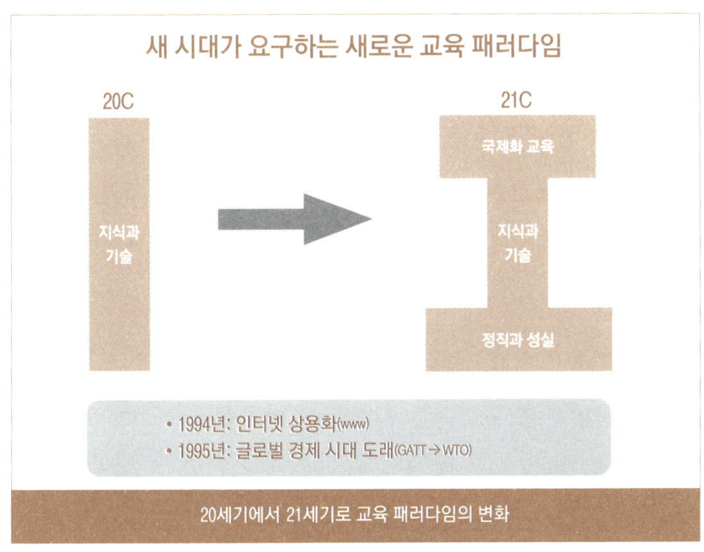

20세기에서 21세기로 교육 패러다임의 변화

한동대학교는 국제사회가 21세기 정보기술이 주도하는 시대로 전환되는 시점인 1995년 개교했다. 이 그림은 한동대학교의 교육 틀을 '공학'을 뜻하는 한자 '장인 공'(工) 자형으로 묘사한 것이다.

한동대학교의 21세기 전인교육의 3요소는 가장 안정된 공학 구조 형태라 할 수 있는 한자 '장인 공' 자로 함축해 설명할 수 있다. '工' 자의 아래 가로획은 정직과 성실을 강조하는 인성과 영성 교육, 즉 교육의 기반을 의미한다. 세로획은 폭넓은 학문 지식의 통합을, 위의 가로획은 국제화 교육을 나타낸다.

'工' 자의 안정성은 아래 가로획, 즉 기반이 얼마나 튼튼한가에 좌우된다. 확고한 기초 없이 축적된 지식은 교육 구조 전체를 약화시키거나 붕괴시키며, 사회에 도움을 주기보다는 오히려 해를 끼친다.

2009년 유네스코고등교육혁신포럼에서 유네스코는 "새로운 도전에 직면한 고등교육은 근본적인 변화와 혁신이 요구된다. 심각한 가치관의 위기를 겪고 있는 우리 사회가 경제적 이익과 성장이라는 제한된 목표를 뛰어넘으려면 도덕성과 영성 교육에 대한 폭넓은 관심이 필요하다"라는 성명을 공식 발표했다.

유네스코가 공식 성명을 통해 고등교육의 도덕성과 영성 교육을 강조했다는 사실은 매우 주목할 만하다. 이 배경에는 전 세계에 금융위기를 몰고 온 2008년 8월 미국 뉴욕 월가의 리먼 브라더스(Lehman Brothers) 파산의 근본 원인이 된 경영진의 부정직하고 부도덕한 윤리관 문제가 깔려 있다. 이런 위기만 보더라도 지성, 인성, 영성의 전인교육 요소들이 이 세계의 무너진 데를 수보하는 주요한 열쇠임을 알 수 있다.

21세기 대학은 새롭고 획기적인 방식으로의 교육 패러다임 변화가 절실히 필요한 상태이다. 앞으로 점점 더 복잡하고, 어려우며, 역동성 있는 글로벌 세계에서 살아가야 할 우리 젊은이들을 준비시켜야 한다.

20세기 산업화 시대에는 하드웨어 중심의 표준화된 제품을 대량 생산했다. 생산 수준이 한 나라의 산업 역량과 번영을 측정하는 중요한 지표였다. 이 시기의 대학 교육은 학생들이 교과서에 있는 내용을 암기하도록 훈련하는 데 맞춰져 있었다.

하지만 교육은 단순한 암기 훈련에 그쳐서는 안 된다. 교육은 지식을 전달하는 수준을 훨씬 뛰어넘어 학생들의 인격과 삶을 바로잡아 주는 데까지 나아가야 한다. 특정 분야에 전문성을 갖추고 있을 뿐 아니라 글로벌 역동성과 성실, 정직, 겸손에 대한 이해가 깊은 다차원의 리더가 절실히 필요하다.

1995년 이래 지금까지 한동대학교는 국제화, 디지털화로 변모하는 세계에 발맞춰 학생 중심, 시장 중심 교육에 모든 노력을 기울여 왔다. 한동대학교의 다양한 교육 플랫폼은 세계 곳곳에서 영향력을 미치는 글로벌 리더들을 길러 내고 있다.

협동심을 함양하라:
교수진과 학생들의 팀워크 향상을 위한 전교생 기숙사 생활

교육은 크게 두 가지로 나뉜다. 지식 교육(Cognitive education)과 인성 교육(Non-cognitive education)이다. 지식 교육은 교실에서 주로 이루어지지만, 인성 교육은 지식의 전달뿐 아니라 더불어 살아가는 삶의 실제적인 훈련이기 때문에 생활관에서 터득할 수 있다. 따라서 전인교육을 위해서는 생활관 교육이 반드시 시행되어야 한다.

한동대학교는 1995년 개교 시부터 생활관 기숙 교육(Residential College, RC) 제도를 도입했다. 원래 'College'라는 단어는 'Colleague'에서 파생되었는데, 'Residential College'란 동료들이 더불어 사는 삶의 그룹이라고 볼 수 있다. 우리나라 조선 시대의 서원(書院)처럼 기숙하며 학문과 생활 교육을 함께 실시하는 개념이다.

학생들은 RC 제도를 통해 룸메이트와 서로를 이해하고, 존중하며, 더불어 살아가는 법을 배우고 섬기는 문화를 터득할 수 있다. 부모님의 배려와 보살핌에서 벗어나 스스로 자신의 생활을 규제하고 책임지는 독립된 삶을 살아가며 인격적으로 성숙해지는 훈련을 받는 것이다.

한동대학교의 슬로건은 "공부해서 남 주자"이다. 보통 "공부해서 남 주냐?"가 일반적인 사람들의 생각이지만, '공부해서 남 주자'고 생각을 바꾸면 삶의 목표가 달라진다. 공부해서 남을 주려면 줄 것이 많아야 하고, 그러기 위해서는 열심히 공부해야 하기 때문이다.

이 교육을 위해 한동대학교는 개교할 때부터 팀워크를 강조했다. 교수 한 사람이 처음에는 15명, 현재는 약 35명의 학생들을 데리고 팀을 만들어 기숙사에서 같이 생활하며 팀워크를 다진다. 약 4년 동안의 생활관 교육을 통해 강의실에서 지식만 전수받는 것에서 더 나아가 사회에 진출했을 때 세계와 더불어 살 수 있는 인성 교육도 받게 된다. '인성 교육의 장'이 바로 생활관 기숙사인 것이다.

국내 모 기업의 인사 담당자가 사원을 뽑으러 미국에 건너갔을 때의 일화이다. 공교롭게도 면접을 보는 두 사람이 한동대학교 출신이었는데, 한 사람은 미시간대학에 있고, 다른 한 사람은 뉴욕 RPI 공과대학을 다니고 있었다. 한 사람만 뽑아야 하는데 두 사람의 분야가 비슷했다.

우선 미시간에 가서 인터뷰를 해 보니 학생이 꽤 유능해서 마음에 들었다. 인터뷰를 마무리하면서 인사 담당자가 "뉴욕에 있는 ○○○를 아십니까?"라고 물었다. 그러자 학생이 "제 친구입니다"라고 대답했다. "둘 중 누구의 실력이 더 좋습니까?"라고 다시 물었더니 학생은 "그 친구가 더 잘합니다"라고 대답했다.

그다음에는 뉴욕에 가서 인터뷰를 했는데, 그 학생 역시 마음에 들어 같은 질문을 했다. "미시간에 있는 ○○○를 아십니까?" 뉴욕의 학생도 "제 친구입니다"라고 대답하기에 "둘 중 누구의 실력이 더 좋습니까?"라고 다시 물었더니 "그 친구가 더 잘합니다"라는 똑같은 대답이 돌아왔다.

인사 담당자로서 수많은 면접을 진행하면서 다른 학생이 자기보다 잘한다고 인정하는 경우는 한 번도 본 일이 없었다며 감동했다는 말을 전했다. 그는 결국 두 사람을 다 채용했고, 그중 한 학생은 현재 구글에서 근무하고 있다.

공부하면서 경쟁만 생각해서는 안 된다. 협조(cooperation)하고 서로 배려하면서 팀워크를 발휘하면 굉장한 시너지 효과를 낼 수 있다. 1+1은 2가 아니라 3도 되고, 4도 될 수 있다. 그동안 철저하게 경쟁 속에 살아오고, 경쟁하면서 발전해 온 것이 우리나라의 현실이다. 6·25전쟁 같은 폐허와 역경을 딛고 30년 만에 OECD에 가입한 유일한 국가가 된 비결이 경쟁에 있었던 것도 사실이다. 그러나 우리의 추격과 모방은 한계에 다다랐다. 이제는 추격과 모방이 아니라 협조 체제로 바꿔야 한다.

학문의 장벽을 넘어서라:
무전공·무학과 입학, 복수 전공 최초 실시

현재 대학 입시의 가장 큰 문제 중 하나는 고등학교 졸업 후 학생들이 어느 학과나 학부가 자기 적성에 맞는지 알지 못한 상태에서, 특정 대학교에 입학하기 위해 수능 점수에 맞춰 학과를 선택한다는 점이다.

한동대학교는 이런 문제를 방지하기 위해 1996년 국내 최초로 무전공·무학과 입학 제도를 실시했다. 모든 신입생은 문과나 이과 구분 없이 글로벌리더십학부(GLS)에 속하게 되고, 1년 동안 다양한 수업을 들으며 적성에 맞는 분야를 탐색하는 과정을 거친다. 이후 2학년 때 자유롭게 전공을 선택할 수 있고, 학부 선택은 5학기까지 무제한으로 변경할 수 있다. 각 학부나 학과 정원에 상관없이 학생들이 희망하는 대로 선택할 수 있으며, 복수 학위 제도가 전 분야에 열려 있다. 즉 소위 말하는 '자율 전공 제도'를 개교 다음 해부터 실시해 학생들의 적성과 재능이 최대로 발휘될 수 있는 환경을 제공하고 있다.

21세기는 네트워킹 시대이자 경계가 없는 시대이기 때문에 학문에서도 장벽이 없어야 한다. 대학에서 가르치는 내용은 학과별, 학문적으로 분류되지만 실제 사회에서 일어나는 문제들은 대학에서 공부한 대로 구분할 수 없다. 예를 들어, 포항제철에서 사고가 나면 그 사고는 금속공학만의 문제가 아니다. 기계와 경영 등 복합적 문제이기 때문에 문제를 해결하기 위해서는 폭넓은 지식이 필요하다.

오늘날 지식정보화사회에서는 지식이 폭발적으로 증가하지만 그 수명이 매우 짧다. 대학 졸업 이후 약 10년이 지나면 대학에서 배운 지식을 반도 채 활용하지 못하게 된다고 한다. 따라서 대학 교육은 교과서에 있는 지식만 암기하는 것보다 좀 더 폭넓은 지식으로서 '배우는 능력'(learning ability)을 배우는 것이 중요하다.

한동대학교는 공부하다가 적성에 맞지 않다고 판단되면 얼마

든지 전공을 바꿀 수 있다. 그러다 보니 4년 만에 졸업하는 학생보다는 5년 만에 졸업하는 학생들이 많다.

담임 교수제(팀 제도)

한동대학교는 개교 때부터 교수와 학생들이 팀으로 구성되는 팀 제도를 도입했다. 팀 제도란 1년 동안 한 교수 밑에 전공과 상관없이 35-40명의 학생들이 배정받는 팀 공동체를 의미한다.

'공동체 리더십 훈련'이 정식 교과목으로 지정되어 있으며 매주 수요일 오후에는 공동체 모임을 갖는다. 각 팀의 성격과 문화에 따라 1년 동안 진행되는 프로그램은 다르지만 사회봉사, 성경 공부, 팀 프로젝트 등 다양한 활동을 통해 신뢰와 사랑을 쌓아 가고 서로를 섬기는 리더십을 배운다. 팀 담임 교수는 종종 팀 학생들을 집으로 불러 식사를 대접하고 가족처럼 진솔하게 삶을 나누기도 한다.

지식 교육은 교실에서 교수와 학생이 서로를 마주하며 전달되지만, 삶의 인성 교육은 학생들이 교수의 삶과 실제 행동을 뒤에서 보고 따르면서 배우게 된다. 한동대학교는 교수와 학생

이 서로 삶을 나누는 과정을 통해 실제적인 인성 교육이 일어
난다는 마인드로 하나님의 뜻을 따라 세워진 학교이다. 그래서
전 교수진이 이러한 정신을 계승하기 위해 자발적으로 참여하
고 있다.

신뢰가 최우선이다:
정직성 기르는 무감독 양심 시험 실시

한동대학교는 개교할 때부터 "정직이 세상을 바꾸고 성실이 세
상을 움직인다"는 신념 아래 모든 시험을 무감독 양심 시험으
로 진행하고 있다. 시험을 치를 때마다 가장 먼저 시험지에 적힌
"나는 하나님과 사람 앞에서 한 점 부끄럼 없이 시험에 응하였
음을 확인합니다"라는 서약문에 서명을 한다. 교수 없이 시험을
치르고 마지막에 시험을 다 치른 학생이 시험지를 수거해 교수
에게 제출한다.

정직성 교육은 한동대학교의 가장 중요한 교육 중 하나이다.
눈에 보이지 않는 하나님을 의식하고 행동할 때 세상이 바뀔 수
있다. 그래서 세상을 변화시킬 리더라면 무엇보다도 정직하고

성실해야 하며, 학교는 매 순간 정직과 성실을 실천하고 훈련하는 장이 되어야 한다.

무감독 양심 시험 제도는 한동대학교의 정체성이자 자랑이다. 하나님과 세상과 자신 앞에 정직하고 부끄럽지 않게 행동할 때 세상을 살아갈 견고한 힘과 의지, 그리고 결단력이 생기는 것이다.

어느 졸업생의 일화를 들려주고 싶다. 그는 국내 모 기업의 경력 사원으로 입사했다. 부서 배치를 위해 시험을 치르는데 시험지를 받아 보니 문제가 너무 어려워서 도저히 해답이 보이지 않았다. 감독관이 시험지를 두고 나가자 시험을 치르는 사원들 사이에 쪽지가 왔다 갔다 했고, 결국 그에게도 쪽지가 넘어왔다.

시험답안용지

※과목코드, 과목명, 분반, 학번, 성명을 기재하지 않은 답안지는 무효임.

과목 코드		과목명		분반		학번		성명		점수

"나는 하나님과 사람 앞에서 한 점 부끄럼 없이 시험에 응하였음을 확인합니다."

※주의: 서명이 없는 답안지는 무효임

응시자 본인 서 명 ________________

시험답안용지에 적힌 서약문

그러나 그는 "공부해서 남 주자", "정직하라"라는 학교의 가르침을 생각하며 부정행위를 할 수 없다고 판단해 백지 시험지를 제출했다. 이후 그 학생은 가장 인센티브가 많은 부서에 배치되었다. 알고 보니 원래 답이 없는 문제가 출제되었고, 다른 사원들은 부정행위를 했기 때문에 서로 비슷한 답을 제출했던 것이다.

물론 한동대학교 학생 100%가 양심적으로 시험을 치르는 것은 아니다. 하지만 이 전통을 지키기 위해 많은 학생이 자발적으로 노력하고 있다.

미국에서 교수 생활을 하다 한동대학교에 온 교수님이 들려주신 이야기에서도 정직성 교육의 힘을 느낄 수 있었다. 그 교수님이 가르치는 학생 중 하나가 시험을 치른 후 찾아와 채점이 잘못되었다고 말했다. 확인해 보니, 실제로 점수가 잘못 계산되었고 바르게 계산하니 점수가 전보다 더 떨어졌다. 점수가 깎인다는 것을 알면서도 양심 고백을 하러 온 학생을 보며 한동대학교에 희망이 있다는 것을 느꼈다고 말씀하셨다.

이와 같이 한동대학교는 하나님 앞에서 정직하고 유능한 글로벌 인재를 육성하겠다는 비전을 품고, 정직성과 성실성, 국제적인 안목과 함께 전문 역량을 포괄하는 교육 전반에 대한 총체적 접근 방식을 실행하고 있다.

이러한 교육 철학은 '한동명예제도'에 잘 나타나 있다. 한동대학교에 명예제도를 실시하도록 영감을 준 사람은 바로 내 딸 종민이었다. 종민이는 이미 명예제도를 실시하고 있는 펜실베이니아의 브린모어대학(Bryn Mawr College)에 다닐 당시, 한동대학교의 첫 신입생들에게 편지를 보내 자신의 경험을 공유하고 그들을 격려한 일이 있다.

한동대학교의 모든 학생에게

저는 명예제도를 실시하고 있는 브린모어대학 3학년생입니다. 브린모어의 학생으로서 우리 학교 학생들은 항상 더 높은 수준의 도덕 규범을 따르고 있다고 자랑스럽게 말씀드릴 수 있습니다. 브린모어 학생들은 정직하고 성실하기로 정평이 나 있습니다.

명예제도는 자신의 행동에 책임질 줄 아는 성숙한 존재가 되도록 각 개인을 훈련하는 데 목적이 있습니다. 따라서 우리 학교의 명예제도는 크게 두 가지, 즉 학문 분야 명예제도와 사회 분야 명예제도로 구별됩니다. 명예제도를 이 두 가지 영역으로 나눠서 적용하는 이유는 학생들이 학업에 있어서나 사교에 있어서나 서로에 대해 신뢰를 형성하는 데 명예제도만큼 성공적인 제도가 없기 때문입니다. 두 영역 모두에서 균형을 이룰 때만 명예제도가 제대로 실행되고 있다고 말할 수 있습니다.

명예제도 위반을 목격했을 때는 어떻게 해야 할까요? 첫 번째 규칙에 의하면, 명예제도는 신뢰와 존중에 기반하므로 위반에 직접 관여하지 않는 어느 누구와도 이런 상황에 대해 논의해서는 안 됩니다. 명예제도 위반을 신고할 때는 기밀로 해야 합니다. 만일 누군가가 위반을 목격했다면, 문제의 학생을 만나되 존중하는 태도로 대하고, 학생이 직접 교수님께 이 사실을 고백하도록 조언해야 합니다.

이후 2-3일 내에 해당 학생이 어떤 행동도 취하지 않는다면 목격자가 나서서 교수님께 알리고 이 상황에 대해 설명해야 합니다. 아마도 이 부분이 가장 힘들겠지만, 상황을 그대로 방치하면 여러분 역시 스스로에게 정직하지 못해 명예제도를 위반하는 일이 되니, 이렇게 되면 곧 명예제도는 무

의미해질 것입니다.

여러분이 항상 기억해야 할 한 가지는 바로 다른 사람들을 존중하는 태도입니다. 학교는 경쟁이 아주 치열한 환경입니다. 우리는 누가 숙제를 다 끝냈는지, 시험에서 몇 점을 받았는지 스스로를 다른 학생들과 끊임없이 비교하려고 합니다. 경쟁 때문에 다른 친구의 과제를 베끼기도 하고 시험에서 부정행위를 하기도 합니다. 이곳 브린모어에는 서로의 점수나 숙제의 진행 상황에 대해 묻지 않는 무언의 규칙이 있습니다. 경쟁을 유발하는 상황을 피하기 위해서입니다.

처음에는 명예제도가 익숙하지 않겠지만, 일단 생활화하면 한동 여러분 모두가 학교에 있는 동안뿐 아니라 졸업 후에도 하나님과 사람 앞에 칭찬을 받게 되리라 생각합니다.

첫 수업을 듣는 학생들이 학교의 전통을 세우기 마련입니다. 명예제도를 실시하려는 여러분의 노력을 예수님이 기뻐하시리라 믿습니다. 새로운 비전과 꿈을 지니고 이제 막 시작하는 한동을 위해 저 또한 기도하겠습니다.

김종민 드림

국제화 사회를 지향하라:
한국 최초의 미국식 국제법률대학원 설립

한동대학교는 국제화 교육을 위한 움직임으로 아시아 최초의 미국식 로스쿨인 한동 국제법률대학원을 개교했다. 국제화에서 가장 중요한 것 중 하나가 국제법인데, 우리나라의 로스쿨은 국내 시장용이기 때문에 미국에 가면 변호사 시험(Bar Exam)을 다시 치러야 하는 상황이었다. 그래서 2002년 한동대학교 국제법률대학원을 국내 최초로 개교했다.

모든 수업 과정을 영어로 진행하고 미국 변호사 시험을 보게 했더니, 그 결과 국제법률대학원 첫해 졸업생의 약 50%가 미국 변호사 시험에 합격했고, 현재까지 졸업생 418명 중에 298명이 합격한 상태이다.

미국 로스쿨은 암기형보다는 사례 연구 토론 방식이기 때문에 학생이 교수 앞에서 토론하고 논쟁할 수 있어야 한다. 한동대학교 국제법률대학원에서는 이 부분 또한 중점적으로 훈련시키고 가르쳤다. 그래서 2008년 세계 법률대학이 참가한 국제협상대회(International Negotiation Competition, 전 세계 예비 법조인들의 업무 능력을 겨루는 모의재판 대회)에 한동대학교가 한국 대표로 참가

해 미국, 영국, 뉴질랜드 등 유수의 영어권 대학을 물리치고 1등
을 하는 쾌거를 이루었다.

유네스코로 지평을 넓히다:
한동대학교 국제화 교육의 국제적인 파트너십

2005년 5월, 한동대학교의 다양한 국제화 교육의 성과를 발표
하기 위해 교육부로부터, 서울에서 열리는 유네스코의 아시아
지역 본부 회의에 강연 요청을 받았다. 나는 한동대학교의 교육
비전 중 하나인 개발도상국의 인재 양성에 대한 사례들을 발표
했다.

"50년 전 전쟁으로 폐허가 되었던 한국이 선진국으로 도약
할 수 있었던 것은 교육을 통한 인재 양성이었기에, 우리도 개
발도상국의 교육을 도와야 합니다. 한동대학교는 개교할 때
부터 개발도상국의 지도자를 양성하는 비전을 실행하기 위해
노력해 왔습니다. 이를 위해서 제3세계의 외국인 학생들을 초
청해 전액 장학금으로 교육시키고 있습니다. 처음에는 소수
인원으로 시작했지만 지금은 유학생의 수가 해마다 증가하고

있습니다."

유네스코에서 1992년 '유니트윈'(University Twinning & Networking, UNITWIN) 프로젝트를 시작했지만 제대로 실행되지 않고 있었기 때문에 한동대학교의 사례 발표는 그들에게 무척 고무적이었다. 몽골 대표는 "전문성이 깊은 하버드대학의 MBA 과정보다 한동대학교가 제공하는 국제 기업가 정신 MBA가 몽골 현실에 더 적합하다"고 논평했다. 이를 계기로 한동대학교는 파리 유네스코에 유니트윈 프로젝트 신청서를 제출하게 되었다.

그러나 그해가 지나도록 유네스코 본부에서는 아무런 연락이 없었다. 파리 본부의 한 직원이 귀띔을 해 주었다.

"북경 주재 유네스코 아시아 사무실에서 한동대학교의 서류가 보류되고 있습니다. 왜냐하면 한국의 유엔 분담금이 여러 나라 중에서 제일 적기 때문입니다. 일본 측에서는 분담금을 많이 내고 있는 일본이 유니트윈 프로젝트의 주관 대학을 해야 한다며 한국을 반대하고 있습니다."

하지만 2006년 교육부가 주관하는 글로벌HR포럼에 유네스코 교육 담당 사무부총장이 참가하면서 상황이 바뀌었다.

유네스코 사무부총장 피터 스미스(Peter Smith) 박사는 캘리포

니아주립대학(몬트레이 캠퍼스)의 초대 총장으로 재직했는데, 그때 그 대학을 방문해 만난 적이 있었다. 당시 작은 여행 가방을 끌고 오는 스미스를 캠퍼스에서 만났을 때 그가 학교 건축 문제로 수없이 고발을 당해 법정을 다녀오는 길이라고 해서 함께 웃음을 터트렸었다. 우리도 수없이 법정을 들락거리고 있었기 때문이다. '미국에서도 대학을 운영하려면 법정과 친하게 지내야 하나?' 하는 생각도 했다. 그때 스미스는 한동대학교의 교육 프로그램이 그가 시도하는 교육 프로그램과 매우 비슷하다며 무척 반겼다.

스미스가 유네스코의 사무부총장이 된 것은 참 묘한 우연이었다. 제안서를 본 스미스는 이렇게 말했다.

"왜 이런 좋은 제안서를 북경 사무소에서 이때까지 유보하고 있었던 거죠?"

그는 제안서를 즉시 처리했고, 한동대학교는 유네스코 유니트윈 프로그램 역사상 최초의 고등교육 기관으로 선정되었다. '개도국 지속 가능 발전 역량 강화' 분야 주관 대학으로 선정된 것이다.

2007년 4월 5일 파리의 유네스코 본부에서 주불 한국 대사도 참석한 가운데 유네스코와 한동대학교가 유니트윈 주관 대학으로서의 협정식을 가졌다. 한국 유네스코 직원들은 자랑스러움을 감추지 못했다. 유네스코 본부에는 2,000여 명의 직원이 있는데, 유엔 분담금에 따라 직원 수가 배당되기 때문에 한국 직원은 10명 정도였다. 그때 만난 최수향 박사가 말했다.

"지금까지는 유네스코에서 한국의 존재감이 그다지 크지 않았습니다. 이번에 한동대학교가 한국의 위상을 높여 주었습니다."

이 협정은 프랑스 언론들도 주목했다. 《르 휘가로》(*Le Figaro*)와의 인터뷰에서 식스틴(Sixtine Leon-Dufour) 기자는 한국의 한

2007년 4월 5일 유네스코 본부 협약식

동대학교가 어떻게 유네스코 유니트윈 프로젝트의 주관 대학이 됐는지 궁금해했다. 나는 이렇게 대답했다.

"한동대학교는 21세기의 교육 패러다임에 가장 적합한 교육을 하고 있기 때문입니다."

며칠 후인 4월 26일, 그 기자는 직접 눈으로 확인하기 위해 파리에서 한동대학교로 날아왔다. 그는 파키스탄, 베트남, 우즈베키스탄, 콩고 등 개발도상국에서 유학 온 학생들을 차례로 인터뷰했다. 콩고에서 온 모콜라 학생에게는 "왜 한동대학교에 왔습니까?"라고 질문했다. 모콜라는 "장차 콩고 대통령이 되기 위해, 한국이 선진국 대열에 있게 된 비결을 배우고자 한국 대학으로 왔습니다"라고 대답했다.

2007년 4월 30일 《르 휘가로》지는 "교육과 가치관을 통해, 가난은 더 이상 숙명이 되지 않을 것"이라는 제목으로 기사를 게재했다. 아프리카 가나에서 온 유학생 타굴 군의 기사도 큼직하게 실렸다. 타굴 군은 "한동대학교에서 한국의 발전사를 배우고 있으며, 한동대학교는 나의 조국 가나를 살리는 꿈"이라고 말했다.

한동대학교와 더불어 나의 삶을 돌이켜 보면, 1994년 4월 1일

카이스트를 떠나 한동대학교 초대 총장으로 부임해 약 20년 동안 하나님의 인도하심을 따라 걸어왔다.

2014년 1월 31일 한동대학교 총장으로서의 직책과 교육인으로서의 책무를 마친 후 하나님은 내게 유엔, 유네스코, 그리고 OECD와 제휴하며 국제화의 기틀을 마련할 수 있도록 축복해 주셨다. 2014년 2월 1일부터는 총장 재직 시 마련했던 기틀과 네트워크를 통해 한국을 넘어 전 세계로 지평을 넓혀 다른 차원의 역할을 담당하도록 인도하고 계신다.

"나는 빚진 자라"

한동대학교의 또 다른 핵심 사고방식은 "하나님과 주위 사람들에게 빚진 자"라는 사상이다. 생명이 저절로 생겨나 혼자 힘으로 자라지 못하듯, 한동대학교도 나도 빚을 많이 졌다고 생각한다.

미국에서 성경 공부를 가르쳐 주신 고 김동명 목사님(LA한인침례교회)은 성경 구절을 인용해 손수 붓글씨로 쓰신 "나는 빚진 자라"(롬 1:14 참조)라는 말씀 액자를 선물로 주셨다. 오늘날까지도 나는 실로 복음에 빚진 자였다. 또한 학업에 빚진 자였다. 미국 대학에서 전액 연구 조교 장학금으로 공부하게 된 일도, 잘 지도해 주신 스톨로프 교수님께도 빚진 자였다.

한동대학교 본관 현동홀 4층 기도실에 "나는 빚진 자라"라고 쓰인 액자를 걸어 놓았다. 우리는 모두 복음에 빚진 자들이기 때문이다.

우리가 공부하는 목적은 이기심이 아니라 이타심 위에 세워져야 한다. '사랑', '겸손', '섬김'이라는 학교의 좌우명이 이를 잘 나타내고 있다. 지하자원이 거의 없고 기름 한 방울 나지 않는 우리나라가 하나님의 은혜로 유엔과 유네스코를 통해 선진국의 원조를 받고 이를 발판 삼아 오늘의 번영을 이루기까지 우리 민족을 축복하신 하나님의 은혜를 잊지 말아야 한다. 또한 한국전쟁(1950-1953) 당시와 이후 힘겹던 시절에 우리를 도왔던 국가들과 사람들도 잊지 말아야 한다.

새사람이 되게 하신 복음의 빚을 갚기 위해, 나는 "공부해서 남 주자"라는 말의 의미가 무엇인지 곰곰이 되새겨 보았다. 한동대학교가 경제 사정이 어려운 나라의 젊은이들에게 공부할 수 있는 기회를 제공한다면 빚을 갚을 수 있으리라. 그래서 한동대학교는 이들 개개인에게 공부할 환경을 제공하고 복음을 전

할 특권을 누림과 동시에, 간접적으로는 개발도상국의 미래 인
재 양성을 돕고 있다. 학교 재정이 어려워도 빚을 갚는다는 마음
으로 전액 장학금을 제공하고 개발도상국의 학생들을 불러들였
다. 이 학생들이 장차 자신의 조국에서 하나님의 지상 명령을 실

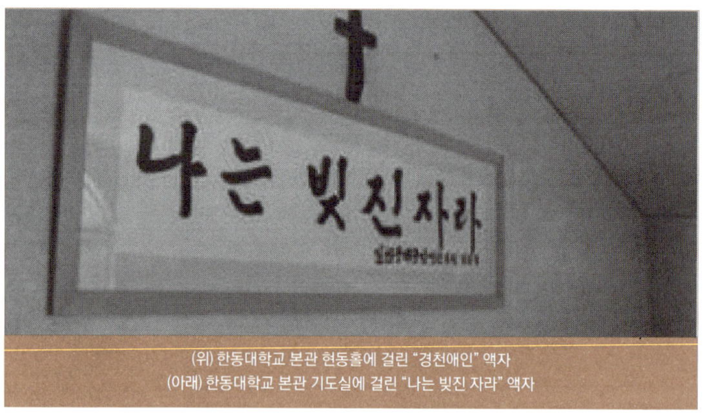

(위) 한동대학교 본관 현동홀에 걸린 "경천애인" 액자
(아래) 한동대학교 본관 기도실에 걸린 "나는 빚진 자라" 액자

천하는 지도자가 된 모습을 보게 되기를 소망한다.

창의력과 잠재력을 극대화하자

한동대학교가 개교한 지 2년이 지났을 때 어느 교수님에게 이런 질문을 들었다.

"한동대학교에는 왜 산업디자인학과가 없나요?"

그래서 디지털(Digital), DNA, 디자인(Design)의 시대인 21세기에 맞는 인재를 양성하기 위해 디자인학부를 신설했다. 디자인학부 역시 다른 학부와 마찬가지로 실기 시험 없이 무전공·무학과로 입학해 나중에 산업디자인 전공을 선택하는 방식으로 개설했다.

그런데 놀랍게도 산업디자인학과 학생들이 우리나라 공모전들에서 우수상, 특별상을 휩쓸었다. 처음 학부를 제안한 교수님에게 "산업디자인 하면 모 대학, 모 대학이 유명한데, 어떻게 그들 대학보다 더 많은 상을 탑니까?"라고 여쭈었더니, 교수님은 학부를 선택할 때 실기 시험을 보지 않기 때문이라고 대답하셨다.

가령 H대학에 입학하려면 그 학교의 교수가 선호하는 유형
을 공부하기 위해 학원에 등록해서 매일 스케치 연습을 해야
한다. 그렇게 입학을 하면 그 틀에 갇혀 나오기 힘들기 때문에
창의성이 떨어지는 경우가 많은데, 한동대학교 학생들의 작품
은 소위 말해 족보가 없기 때문에 오히려 창의성이 돋보이는
것이다.

창조성을 틀에 묶어 놓으면 절대 안 된다. 틀을 깨고 잠재력을
극대화하는 것이 21세기 교육의 패러다임이다. 틀 안에 갇히면
모방과 변형만이 있을 뿐이며, 모방과 변형만으로는 새것을 창
조할 수 없다. 틀을 깨고 잠재력을 극대화하는 교육이 바로 내가
한동대학교를 통해 꿈꾸는 교육이다.

대한민국의 길, 교육에서 찾다

대학의 근본적인 역할은 교육, 연구, 사회봉사이다. 교육을 잘하
기 위해서는 연구에 매진해야 한다. 그러나 교육만 하는 대학은
가능하지만 연구만 하는 대학은 연구소이지 대학이라고 할 수
없다는 것이 내 교육 철학이다. 대학에서는 교수가 학생들을 얼

마나 전인적으로 교육하느냐가 연구보다 더 중요하다. 그런데 우리나라의 대학 평가 기준은 교수의 논문 편수에만 중점을 둘 뿐 실제적인 대학 교육을 평가하는 내용은 찾아보기 어렵다. 논문 편수가 교수 승진에도 영향을 미치다 보니 표절 문제가 야기되는 비극이 일어나는 것이다.

서울대학교나 카이스트, 포항공과대학교처럼 연구 중심 대학도 필요하다. 그런데 우리나라의 200여 개 대학이 전부 연구 중심 대학을 표방하면 큰 의미는 없다. 미국에는 하버드나 MIT, 버클리 같은 연구 중심의 대형 대학도 있지만, 그 외에도 윌리엄스, 암헬스트, 웨슬리, 스와스모어 같은 학부 중심의 유명 대학도 많다. 이 대학들은 우수한 교육을 위해 석박사 과정을 개설하지 않는다. 우리나라에도 이처럼 연구 중심 대학뿐 아니라 교육을 잘하는 대학이 반드시 필요하다.

중국에 "1년을 내다보려면 밀을 심고, 10년을 내다보려면 나무를 심고, 100년 앞을 내다보려면 사람을 심어라"라는 속담이 있다. 학교는 미래를 내다보고 학부 교육을 해야 한다. 나는 이러한 철학을 바탕으로 2008년 교육부에 '학부교육선도대학육성사업'(Advancement for College Education, ACE) 프로젝트를 제안했고, 이 정책은 지금까지 시행되고 있다. 정부에서 대학원의 연구 활동을 진작시키기 위해 BK-21 등 지원을 했지만, 대학 교육의 질적 향상과 특성화를 지원하는 정책인 ACE는 처음이었다.

학부 교육이 제대로 되지 않으면 산업계에서는 재교육을 해야 하고, 대학원의 연구 활동도 진작되지 못하기 때문에 학부의 교육을 지원하는 정책은 매우 중요하다. 뉴욕주보다도 더 작은 우리나라 안에서만 경쟁하는 것이 아니라, 21세기에 부응하는 새 교육으로 신인재를 양성해 세계로 무대를 넓혀 나가야 한다.

대학 입시열을 대학 교육열로 바꾸자

우리나라는 땅이 좁고 부존자원도 적다. 지금의 위기를 극복하고 21세기 선진국으로 진입하는 길은 교육 에너지에서 나온다. 우리나라는 세계 최고 수준의 교육열을 자랑하고 있다.

그러나 따지고 보면 교육열의 대부분이 대학 입시열이다. 신문이나 TV 뉴스도 대부분 대학 입시와 관련된 내용이고, 입시 정책이 한 번 바뀌면 전국의 초·중·고 교육이 바뀌는 기현상이

벌어진다. 수능 시험 점수를 올리기 위해 가정에서는 사교육비를 쏟아붓지만 막상 대학에 들어가면 학생들은 공부를 별로 하지 않는 것이 현실이다. 이제는 대학 입시열을 대학 교육열로 바꿔야 한다. 그것이 바로 우리나라가 살길이다.

사람마다 잠재력과 취미가 다 다르다. 우리 집안은 대대로 공학은 잘하는데 음악에는 소질이 없다. 그런데 우리나라 학생들은 취미나 특기와 무관하게 너무 많은 과목을 학습하고 있다. 수능 시험 과목 수가 많기 때문에 수능 점수를 높이려면 전부를 다 공부해야 한다. 이것은 일종의 에너지 낭비이다. 수능 시험 과목 중 대략 90%는 전공과 크게 관계가 없기 때문에 대학에 들어가면 수능 과목 거의 대부분을 손에서 놓아 버리는 것이 현실이다.

우리나라의 교육 제도, 특히 대학 입시와 교육 내용을 바꿔야 한다. 개인 적성에 맞는 전공을 찾고, 능력을 계발해 창의성을 배양하는 교육을 해야 한다.

한동대학교의 첫 졸업생이 입사 원서를 내면 1차에서 다 떨어지고 취업할 곳이 없다는 말을 한 적이 있다. 그래서 그 후부터 기본적인 영어 외에도 중국어를 가르쳤다. 그다음에는 컴퓨터,

전산을 필수 과목으로 지정해 수강하도록 했고, 지식의 폭을 넓히기 위해 복수 전공 제도를 국내 처음으로 실시했다. 무엇보다 정직한 인재를 기르기에 힘썼으며, 팀워크 교육을 실시해 기업이 요구하는 신인재 교육에 주력했다.

지방에 위치한 신생 대학이라는 한계 때문에 국내 취업에 어려움이 꽤 있어서 외국과 다국적 기업으로 눈을 돌리고 학생들에게 꿈을 심어 주었다. 먼저 IBM 코리아를 찾아가 예비 졸업생들을 인턴으로 받아 달라고 부탁했다. 처음에 3명이 일을 했는데 영어, 컴퓨터 실력이 우수하고 팀워크가 좋으니 기업 측에서 한동대학교 학생들을 더 보내 달라고 요청을 했다. 그 후 12명을 추가로 인턴으로 파견했고, 그중 3명은 IBM 코리아에 취직하게 되었다. 이 소문이 빠르게 돌자 외면하던 국내 기업에서도 한동대학교를 다르게 보기 시작했다.

21세기는 첨단 과학기술이 주도하는 시대이기에 수학과 과학 교육을 강화해야 한다. 특히 소프트웨어(Software) 교육이 필요하다. 산업화사회에서는 기술 모방만으로 경제가 발전할 수 있었다. 그러나 경제의 원천 기술은 수학과 과학에서 아이디어가 나온다. 그것이 바로 기초과학이다. 물리, 생물, 화학도 따지고 들어가면 원자가 있고, 원자는 전자와 양자로 구성되어 있기에 기초과학이 중요하다. 즉 기초과학의 지원 없이는 새로운 기술이 나올 수 없다. 과학을 응용해서 기술이 나오고, 기술을 통해 제품이 만들어지는 것이다. 또 제품을 잘 만들기 위해서는 경영을 잘해야 하며, 이후 국제적으로 수출해야 경제가 일어서고 발전할 수 있다.

엄밀히 말하자면 수학은 과학이 아니다. 과학은 자연계에서 새로운 현상을 발견하고 탐구하지만, 자연계의 복잡한 현상을 잘 기술하기 위해서는 수학 방정식이 필요하다. 자연의 복잡한 현상이 수학 방정식으로 표현되는 것이다. 그래서 경제학과에서도 수학은 필수 과목이다. 수학을 모르고는 경제학도 다룰 수 없다.

그런데 수학의 대수와 기하 중 우리나라는 주로 대수만 가르친다. 주어진 시간에 빨리 계산해서 얼마나 많은 문제를 풀었느냐에 중점을 두는 것이다. 대수도 중요하지만, 논리 전개와 사고력은 기하에서 나온다. 하지만 우리나라 대학 입시에서는 오지선다형으로 답을 고르는 문제가 출제되고 있다. 여기에 우리나라 수학 교육의 맹점이 있다.

학생들에게 논리를 전개하는 사고를 가르쳐야 한다. 컴퓨터는 사람의 지식을 전달하지만 새로운 지혜는 알지 못한다. 과학 기술을 발전시키고 그 기술을 사용할지 여부는 사람의 지혜로 결정되는 것이지 컴퓨터는 이런 능력이 없다. 그래서 지혜 계발이 중요하다.

Why Not Change the World?

한동대학교의 슬로건은 "Why Not Change the World?"이다. 세상을 따라가지 말고 새롭게 바꾸자는 것이다. 아직도 많은 사람이 한동대학교를 잘 모르지만, 한동인의 꿈은 세계를 품는 것이다.

"세계를 보고, 세계를 위해 교육하고 꿈을 가져라."

"세계의 평화와 번영을 위해서 교육하자."

이것이 바로 한동인의 꿈이다. 꿈을 가지는 것이 정말 중요하다. 그러나 꿈이 단지 꿈으로만 끝나서는 안 된다. 꿈과 비전이 만나면 반드시 모험과 역경이 다가온다. 역경을 만나도 좌절하지 말고 도전해야 한다. 꿈을 성취하는 마지막 단계는 자기희생이다. 자기희생이 없는 한 다른 사람을 위한 꿈은 이루어지지 않는다.

많은 사람의 머릿속에 아이디어가 있지만, 그 아이디어가 현실이 되려면 우선 원대한 꿈을 품어야 한다. 보이는 것만 보는 우를 범하지 말아야 한다. 보이는 것은 잠깐이지만, 보이지 않는 것은 영원하기 때문이다.

현재 보이는 것을 뛰어넘어 보이지 않는 미래를 보고 인재 육성에 투자한다면 대한민국에 새로운 앞길이 열릴 것이라 믿는다. 누군가 한국이 위기를 극복한 방법을 물을 때 '장인 공'(工)자형 교육 제도, 즉 '정직과 성실, 팀워크의 바탕 위에서 지식을 공부해 남을 돕는 정신'이라고 말할 수 있기를 바란다. 이를 위해서는 세계를 무대로 나눠 줄 수 있는 국가의 비전과 지원 정책이 따라야 한다.

위기에서 좌절하면 모든 것이 끝이 나지만, 위기를 기회로 삼으면 새롭게 도약할 수 있다. 그 기회는 그냥 오지 않는다. 우리나라 5,000년 역사 동안 많은 시련과 어려움이 있었다. 6·25전쟁과 IMF의 위기를 겪었지만 이 모든 고난을 극복했다. 지금은 전 세계가 어려운 환경에 처해 있다. 이 시점에 우리나라가 할 수 있는 일은 똑똑한 사람을 기르는 것이 아니라 전 세계를 품는 인재를 키우는 교육이다.

세상을 변화시키려면 먼저 자신이 변해야 한다. 예수 그리스도를 닮아 가는 삶, 기꺼이 손해 보고 희생하는 삶, 낮아지는 삶을 소망하며 살아야 한다. 세상은 이런 사람들에게 흥미와 궁금증을 느낀다. 그들이 진정한 리더십의 전형이다.

16

엔트로피에서 신트로피로

'엔트로피'(Entropy)에 대해서는 많은 사람이 알고 있지만, '신트로피'(Syntropy)라는 용어는 과학자들조차 생소하게 여기는 단어이다. 엔트로피(그리스어 en=분기하다, tropos=경향) 법칙에 따르면, 물질 세계에서 일어나는 모든 변화는 붕괴하고, 쇠퇴하며, 부패해 시간이 흐름에 따라 질서에서 무질서로 변해 간다. 엔트로피는 잘 결합된 조직을 점점 더 낮은 수준으로 허물어뜨리는 보편적인 힘이다.

신트로피는 그리스어 '신트로포스'(syntropos)에서 유래한 단어(syn=모이다, tropos=경향)로, '에너지의 흐름을 모으다'라는 의미이다. 신트로피는 무질서에서 질서 상태로 향하는 법칙이다. 물질계를 지배하는 물리, 화학의 법칙에 따르면, 이 용어는 (질서에서 무질서 상태로 향하는) 엔트로피와 정반대되는 개념이다. 생명체는 물질과 에너지가 집중되고 분화되면서 더 복잡한 구조로 성장한다.

신트로피라는 용어는 이탈리아 로마대학교의 수학과 석좌 교수 루이지 판타피에(Luigi Fantappiè) 박사가 1941년에 처음 사용했다. 그는 아인슈타인의 특수 상대성 이론과 물리학의 양자역학을 수학으로 결합할 수 있는 새로운 방정식을 찾던 중 생명체에 적용되는 '신트로피 법칙'을 발견했다.

판타피에 박사가 신트로피라는 개념을 도입함으로써 미스터리로 남아 있던 생명체의 조직과 성장, 번식에 대해 마침내 설명할 수 있게 되었다. 이를 통해 과학자들은 신트로피 현상이 실제로 자연의 법칙 속에 존재한다는 사실을 인식했다. 신트로피 법칙의 특성들은 생물학, 의학, 심리학, 사회과학 등 다른 연구 분야에도 적용할 수 있다(Luigi Fantappiè, *Principi di una teoria unitaria del mondo fisco*, *Biologica*, Humanitas, Nova Editrice, Roma, 1944).

비타민 C를 발견해 생리학 분야 노벨상을 받은 헝가리의 알

베르트 센트죄르지(Albert Szent-Gyorgyi) 박사는 신트로피 법칙이 생물학에 적용됨을 입증해 냈다. 그는 엔트로피 법칙으로는 생명체의 법칙과 특성들을 설명할 수 없음을 증명했고, 이는 현대 생물학의 역설 중 하나라고 주장했다.

센트죄르지 박사는 아메바와 인간의 커다란 차이에 주목하면서 생명체의 질서도가 증가되는 현상을 설명하기 위해 엔트로피 법칙을 초월하는 새로운 법칙으로 신트로피 법칙을 인용했다. 그는 엔트로피가 물질계의 붕괴를 유발하는 보편적인 법칙인 반면, 신트로피는 생명체의 현상을 설명할 수 있는 생명의 법칙이라고 결론지었다[Albert Szent-Gyorgyi, "Drive in Living Matter to Perfect Itself," *Synthesis 1*, No. 1(1977), p. 14-26].

엔트로피가 무질서와 분해, 부패, 고통, 죽음을 향해 나아가는 힘이라면, 신트로피는 질서와 응집, 조화, 생명을 지향하는 힘이다. 우주의 총에너지 양은 고정되어 있기 때문에 엔트로피(확산) 에너지와 신트로피(응집) 에너지의 총합은 항상 일정하고, 두 에너지 사이에는 상보성이 있다.

생존은 엔트로피를 줄이고 신트로피를 증가시키는 우리의 능력에 달려 있다. 육체의 건강을 위해서 올바른 음식, 깨끗한 물과 공기, 햇빛 등이 꼭 필요하듯이, 보이지 않는 신트로피 관점에서 도덕과 윤리, 영성에 기반해 삶의 건강을 유지하려면 물질과 상관없는 필요, 즉 사랑과 친교, 희망과 믿음이 충족되어야한다.

신트로피는 인간이 타락에서 벗어나 영성, 윤리, 도덕성을 회복하는 과정을 의미한다. 따라서 신트로피 교육의 주요 목적은 물질 세계와 생물 세계, 인간 세계, 영적 세계를 태초의 창조 질서대로 회복하는 데 있다. 신트로피 교육의 최종 목적은 자연의 엔트로피 법칙에 따른 무질서 혼돈 상태에서 벗어나 하나님의 초자연적인 신트로피 법칙에 따라 영성, 도덕성, 영생의 모든 측면에서 세상을 회복하고 변화시키는 데 있다.

17

엔트로피 타락에서 신트로피 교육으로

창세기 1장에서는 하나님의 창조 질서가 완벽했고 엔트로피는 존재하지 않았다. 하나님은 천지를 창조하실 때 인간을 위해 3가지 관계의 기본 원리를 정립하셨다. 하나님과 인간의 관계, 인간과 인간의 관계, 인간과 자연의 관계이다. 하나님은 우리에게 청지기로서의 책임을 맡기시고 이 3가지 관계를 잘 지키고 유지하라고 명령하셨다[존 스토트, 《제자도》(IVP 역간, 2010)].

그러나 인간의 불순종과 죄(창 3장) 때문에 이 관계들이 깨지고 말았다. 이 중에서도 하나님과 인간의 관계가 제일 먼저 깨졌고, 이로 인해 인간과 인간의 관계, 인간과 자연의 관계까지 단

절되었다. 우리 인간은 쉽사리 (자신의 유익, 권력, 재정 이윤만을 추구하는) 자기중심성에 휩쓸린다. 마치 중력의 법칙처럼, 인간의 본성인 이기심이 부정직과 욕심을 불러일으킨다.

이러한 관계의 단절로 인해 인간은 타락했고, 관계는 하나님 중심에서 인간 중심으로 바뀌었다. 결국 무질서, 물질주의, 부패, 사망을 향해 나아가는 엔트로피 현상이 나타났다. 과학기술의 발전은 자연환경을 파괴했다. 안타깝게도 이것은 기후 변화와 생태계 파괴로 이어졌다. 이런 모습을 볼 때마다 "피조물이 다 이제까지 함께 탄식하며 함께 고통을 겪고 있다"는 로마서 8장 22절 말씀이 떠오른다.

19세기는 판단의 기준이 하나님의 계시에서 인간에게로 넘어가고, 인간에게서 다시 물질로 넘어가는 사상 변천의 격동기였다. 찰스 다윈의 진화론에 영향을 받아 물질주의가 발달하면서 결국 인간이 주체가 된 무신론 사회가 도래했다. 무신론을 받아들이면서 하나님을 떠난 인간은 허무주의에 빠지고 말았다. 허무주의는 인간을 맹목적인 생존 의지를 지닌 존재로 보았고, 그 결과 인간은 존재의 목적을 모두 상실했다. 이렇듯 타락 이후 인간 사상은 합리주의, 인본주의, 물질주의, 허무주의 등으로 변질

되었다.

　이러한 사상의 변천에 따라 자연히 교육의 내용도 신본주의에서 인본주의로 변화했다. 사상은 교육을 통해 주입되고, 또 주입된 교육은 사상을 변화시킨다. 놀라운 사실은 이러한 사상의 영향으로 물질 중심의 세계관이 보이지 않는 영의 세계까지 지배하기 시작했다는 점이다. 하지만 보이지 않는 영의 세계와 하나님의 존재를 설명하려는 인간의 시도는 오직 하나님의 말씀, 즉 성경을 통해서만 정답을 얻을 수 있다고 확신한다.

　앞서 15장에서 '장인 공'(工) 자를 사용해 한동대학교의 교육틀을 설명했다. 이번에는 동일한 한자를 사용해 엔트로피를 어떻게 신트로피 전인교육으로 바꿀 수 있는지 신학의 관점에서 설명해 보겠다.

　'장인 공'(工) 자형 교육이 이 혼돈의 무질서를 바로잡아 줄 수 있다. 엔트로피와 반대되는 개념인 신트로피를 통해 무질서를 질서로 다시 회복할 수 있기 때문이다. 무질서의 잔재 속에서도 신트로피 법칙에 따라 "새 하늘과 새 땅"(계 21:1)을 재건할 수 있다. 하나님의 영으로부터 나오는 신트로피 능력으로 세상을 무질서와 혼돈으로부터 '영원히' 회복할 수 있다.

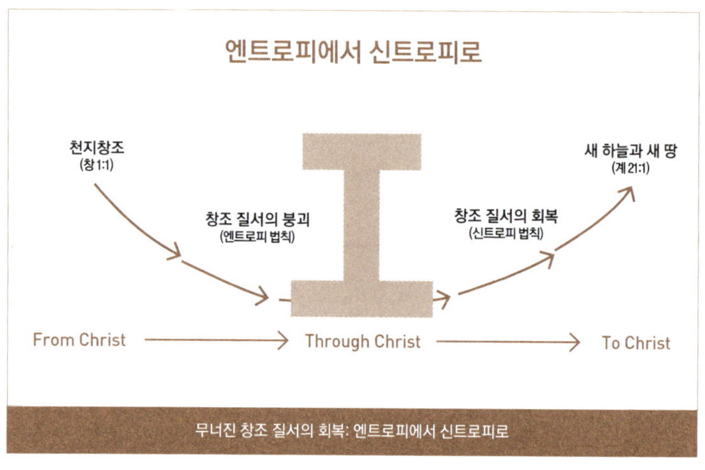

따라서 이 타락한 세상을 철저히 변화시켜 본래 하나님이 창조하신 신트로피 세상을 회복할 유일한 길은 신트로피 영성 전인교육이다. 창조자이자 구원자이신 우리 주 예수 그리스도께서는 신트로피 드라마가 전개되는 중심에 계신다.

"이는 만물이 주에게서 나오고 주로 말미암고 주에게로 돌아감이라 그에게 영광이 세세에 있을지어다 아멘"(롬 11:36).

당장 눈에 보이는 현상을 넘어서서 보이지 않는 미래를 내다볼 수 있다면 세상을 위한 새로운 길을 열 수 있다. 미래 인재 육성에 투자함으로써 이런 일이 가능하다. 역경에 부딪혔을 때 절

망으로 끝을 내면 모든 것이 물거품이 된다. 하지만 위기를 기회로 활용하면 새로운 일을 할 수 있는 발판을 마련할 수 있다.

"보라 내가 새 하늘과 새 땅을 창조하나니 이전 것은 기억되거나 마음에 생각나지 아니할 것이라"(사 65:17).

신트로피 전인교육의 주요 목표는 이 세상의 영성, 도덕성, 물질계의 창조 질서를 바로잡고 재건하는 일이다. 하나님은 오늘날 무너진 영성, 도덕성, 지성을 회복시킬 21세기의 느헤미야를 교육하고 훈련하도록 한동대학교를 세우셨다. 이 세상 죄의 관습을 거부하는 느헤미야 같은 글로벌 인재를 교육하기 위해 한동대학교는 다음 성경 말씀에 나타난 세계관을 기반으로 지성, 인성, 영성을 기르는 전인교육을 실시하고 있다.

"네게서[한동대학교에서] 날 자들이 오래 황폐된 곳들을 다시 세울 것이며 너는 역대의 파괴된 기초를 쌓으리니 너를 일컬어 무너진 데를 보수하는 자라 할 것이며 길을 수축하여 거할 곳이 되게 하는 자라 하리라"(사 58:12).

반기문UNAI글로벌교육원(GEI) 전경

5부

국제 개발과 세계시민교육

18

대한민국: 원조 수혜국에서 공여국으로

대한민국은 교육 역량 강화에 힘입어 급격한 경제 발전을 이루었기 때문에 종종 개발도상국들을 위한 이상적인 발전 모델로 여겨진다. 부존자원이 부족하고 국방에 막대한 부담을 지고 있다는 점을 감안하면 이는 아주 놀라운 위업이다.

그러나 국제사회의 도움이 없었다면 이렇게 급속한 발전을 이루지 못했으리라. 1950년대 초반 한국전쟁이 3년 동안이나 지속되면서 대한민국은 폐허가 되었고 심각한 가난에 시달렸다. 이렇게 어려웠던 시절, 대한민국은 최빈국이자 국제 원조의 최대 수혜국 중 하나였다. 한국전쟁 때 목숨을 잃은 사상자가 미국인만 16만 9,365명이라고 전해진다. 하지만 한 세대 만에 주요 원조 수혜국에서 공여국으로 탈바꿈하는 데 성공했다.

대한민국은 경제 성장을 이룩하기까지 국제사회의 협력과 지원이라는 많은 빚을 졌다. 한국전쟁 이후 1950년대에서 1960년대까지 국제연합한국재건단 운크라(United Nations Korean Reconstruction Agency, UNKRA), 미국국제개발처(United States Agency for International Development, USAID), 유네스코 등으로부터 받은 재정 지원금 총액이 약 30억 달러에 달한다.

내가 초등학교에 다니던 시절인 1950년대 초, 유네스코와 운크라의 지원으로 보급된 교과서를 사용했던 기억이 여전히 생생하다. 교과서를 지원해 준 유네스코와 운크라에 정말 고마웠다.

1950년대 초등학교 교과서

유네스코, 미국국제개발처, 운크라의 도움으로 대한민국에 고등교육 기관과 연구 기관을 설립하고 발전시킬 수 있었다. 예를 들면, 유네스코는 1952년 서울대학교 내 한국외국어학원을 설립하도록 기금을 지원했다. 1950-60년대에는 미국국제개발처의 지원으로 서울대학교 교수진들이 미네소타대학교의 고급 지도 연구 과정에 참여할 수 있었다. 한국과학기술연구원(KIST)과 한국과학기술원(KAIST) 또한 설립 당시 미국국제개발처와 국제부흥개빌은행(IBRD)의 재정 지원을 받았다.

일찍이 설립된 주요 국립대학과 국립연구기관들이 최근까지도 우리나라의 경제 발전에 중대한 역할을 해 왔다는 데는 의심의 여지가 없다.

불과 30년 만에 개발도상국에서 선진국으로 도약하는 데 교육의 힘이 컸던 만큼, 대한민국은 교육에 대한 남다른 경험과 지식을 갖추고 있다. 그러므로 조금이라도 빚을 갚으려면 교육을 통해 국제사회와 협력하는 방법이 가장 효과가 있다.

1996년 OECD 회원국이 된 이래, 대한민국은 경험과 기술을 나눔으로써 여러 개발도상국들의 경제 발전 노력을 지지해야 한다는 데 책임감을 느껴 왔다. 경제, 문화, 정치 발전을 이룩하기 위해서는 고등교육의 국제화가 중요한 요소이다. 이것이 결국 해당 국가의 평화, 번영, 민주주의, 정의로 이어지기 때문이다.

대한민국이 국제사회로부터 높은 수준의 원조를 받기는 했지만, 경험을 통해 보았듯이 원조 자체만으로는 성공을 보장할 수 없다. 대한민국의 성공 비결은 크게 보면 인간 개발 정책에 있는데, 이는 다른 개발도상국들에게도 훌륭한 지침이 될 수 있다. 선진국의 대열에 들어선 대한민국은 이제 선진국과 개발도상국 사이에서 가교 역할을 할 수 있는 가장 좋은 위치에 있다. 두 세계를 다른 어떤 나라보다도 더 잘 이해하고 있기 때문이다.

국제사회에 진 빚을 갚기 위한 또 다른 방법으로, 공적개발원조(ODA)에 대한 지원을 늘려야 한다. 더 나아가 한국국제협력단(Korea International Cooperation Agency, KOICA), 유엔아카데믹 임팩트(UN Academic Impact, UNAI), 유네스코 유니트윈(University Twining & Networking, UNITWIN) 등을 통해 교육 분야에서 국제사회와 협력하는 데 주요한 역할을 담당해야 한다.

19

지속가능발전목표(SDGs)

2000년 9월 전 세계 189개국 정상들이 유엔 본부에 모여 새천년개발목표(Millennium Development Goals, MDGs)에 합의한 일은 역사에 길이 남을 사건이다. 이후 15년(2001-2015)에 걸쳐 극빈과 기아를 절반 수준으로 줄이고, 성 평등을 촉진하며, 아동 사망률을 낮추는 등 총 8개의 측정 가능한 목표들을 달성하기 위해 다 함께 노력했다.

빈곤과 기아 퇴치, 초등교육의 보편화, 성 평등 촉진, 아동 사망률 감소, 산모 건강 증진, 에이즈와 말라리아 등의 질병 퇴치, 환경의 지속 가능성 보장, 국제 협력 관계 구축으로 구성된 새천년개발목표의 8개 목표가 청사진이 되어 세계에서 가장 가난한 사람들의 필요를 충족시키기 위한 유례없는 노력에 활기를 불어넣었다. 하지만 빈곤의 근본 원인을 헤아리지 못했고, 성 불평등 문제를 해결하지 못했으며, 개발의 총체적 특성을 간과했다.

공식 발표를 통해 '우리가 사는 세상의 전환: 지속가능발전을 위한 2030 의제'(Transforming Our World: The 2030 Agenda for Sustainable Development)라고 알려진 지속가능발전목표(Sustainable Development Goals, SDGs)는 2015년 UN 회원국들이 채택한 17개의 목표와 169개의 세부 목표로 이루어져 있다. 지속가능발전목표는 새천년개발목표를 대체하는 새롭고 보편적인 목표, 세부 목표, 지표이다. 193개의 UN 회원국들은 향후 15년(2016-2030) 동안 각국의 의제를 설정하고 정책 틀을 마련하는 데 다음 그림과 같이 지속가능발전목표를 근간으로 삼아야 한다.

지속가능발전목표는 포용적 사회 개발, 지속 가능성, 포용적 경제 개발, 평화와 안보를 지속 가능 발전을 위한 4대 글로벌 비전으로 규정하고 있다. 또한 이 같은 비전 아래 기후 변화, 경제 불평등, 지속 가능한 소비, 세계 빈곤 퇴치, 평화, 정의, 성 평등

유엔 지속가능발전목표(SDGs)의 17개 목표

등 다양한 문제를 다루고 있다.

지속가능발전목표는 번영을 촉진하되 지구를 보호하고 교육, 보건, 사회 보호, 일자리 기회를 고려하도록 선진국과 개발도상국 모두에게 행동을 촉구하고 있다. 이 점이 새천년개발목표와 다르다. 새천년개발목표의 경우는 이론상 모든 국가에 적용해야 함에도 불구하고 실제로는 주로 가난한 개발도상국들을 겨냥한 목표로, 부유한 국가들의 금융 원조를 통해 달성하고자 했다. 지속가능발전목표는 새천년개발목표와 달리 포용적인 의제로서, 전 세계 당면 과제의 근본 원인을 해결할 수 있도록 공동의 계획과 목표를 제시한다. 사람과 지구 모두에게 이로운 긍정적인 변화를 일으키기 위해서는 모든 사람의 참여가 필요하다.

따라서 지속가능발전목표는 가난한 국가든, 부유한 국가든, 중소득 국가든 상관없이 모든 국가의 행동을 촉구하고 있다. 회원국들은 이 공동의 여정을 시작하면서 누구도 뒤처지지 않도록 하겠다고 약속했다.

2030 의제를 광범위하게 포괄하는 개념인 5P는 사람(People)과 지구(Planet), 평화(Peace), 번영(Prosperity), 파트너십(Partnership)으로 이루어져 있다.

첫째, '사람'은 빈곤과 기아를 종식시키고 모든 인간이 존엄하고 평등하게 건강한 환경에서 잠재력을 발휘할 수 있도록 보장하자는 의미이다. 둘째, '지구'는 지구 환경이 악화되지 않도록 지키자는 뜻이다. 셋째, '평화'는 평화롭고, 정의로우며, 포용적인 사회를 조성하자는 뜻이다. 넷째, '번영'은 모든 인간이 번영과 삶의 성취를 누리도록 하자는 달성 목표이다. 다섯째, '파트너십'은 국제 협력 관계에 새로운 활력을 불어넣기 위해 필요한 요소이다.

이 모든 노력은 지속 가능성에 기반해 이루어져야 한다. 즉 현재 또는 미래에 환경을 해치지 않으면서 지구 자원의 경제성을 활용하며 살아가자는 취지에 맞아야 한다.

범분야 공통 해법으로서의 교육

세계시민교육(Global Citizenship Education, GCED)은 지속가능발전을 위한 교육(Education for Sustainable Development, ESD)과 함께 교육에 관한 지속가능발전목표(SDGs) 4.7에 해당된다. SDGs 목표 4는 '양질의 교육'(Quality Education), 즉 모두를 위해 포용적인 양질의 교육을 보장하고 평생 학습을 장려하기 위한 노력을 촉구한다. 세부 목표 4.7은 다음과 같다.

"2030년까지 지속 가능 발전, 지속 가능한 생활 양식, 인권, 성평등, 평화와 비폭력 문화 확산, 세계시민의식, 문화 다양성 존중과 지속 가능 발전을 위한 문화의 기여 등에 대한 교육을 통해 모든 학습자가 지속 가능 발전 증진에 필요한 지식과 기술을 습득할 수 있도록 한다."

하지만 세계시민교육이 세부 목표 4.7에 국한되어서는 안 된다. 세계시민교육은 지속가능발전목표의 모든 목표를 아우르는 범분야 공통 해법이다. 다른 16개 목표들을 모두 달성하는 데도 세계시민교육의 중대한 역할이 강조되어야 한다. 세계시민교육은 개개인이 사고방식과 행동을 바꿔 사회, 경제, 환경 분야의 도전 과제를 해결하고 지속 가능 발전에 기여할 수 있도록 하는 유일한 해법이다.

지속 가능 발전은 교육으로부터 시작한다. 새천년개발목표를 대체하는 국제 목표 달성의 중심에 세계시민교육이 있다. 반기문 제8대 유엔 사무총장은 제69차 유엔총회에서 다음과 같이 말했다.

"국가 번영은 숙련되고 교육받은 근로자들에게 달려 있습니다. 빈곤을 퇴치하고, 기후 변화와 싸우며, 진정한 지속 가능 발전을 달성하기 위한 21세기 도전들은 우리에게 협력을 촉구합니다. 협력과 리더십, 교육에 대한 현명한 투자로 우리는 개개인의 삶과 국가 경제, 나아가 전 세계에 변혁을 일으킬 수 있습니다."

20

유엔아카데믹임팩트(UNAI)

유엔아카데믹임팩트(UN Academic Impact, UNAI)는 유엔의 목표와 목적을 실현하기 위해 전 세계 고등교육 기관 및 연구 기관과 협력하고 있다. 연구, 관련 교육 과정, 캠퍼스 활동을 통해 유엔의 가치를 고취하고자 여러 대학을 회원으로 승인하고 이들과 협력한다. 결의안 'A/RES/70/224'가 2015년 11월 30일 유엔 총회 마지막 회기에서 채택되었다.

"[유엔은] 학계, 연구 단체, 과학계가 '지속가능발전을 위한 2030 의제' 실현에 기여하기를 바라며, 이와 관련해 무엇보다 UNAI의 역할의 중요성을 인식하고, 세계시민 육성, 지식 격차 해소, 유엔의 핵심 원칙과 활동에 대한 이해 증진에 UNAI가 더욱더 중요한 역할을 담당해 주기를 촉구한다."

2010년 반기문 제8대 유엔 사무총장은 UNAI를 발족하면서 이렇게 말했다.

"교육을 통해 국경을 넘어서는 생각을 공유함으로써 전 세계에 고통을 야기하고 있는 서로 깊이 연결된 문제들에 대해 아이디어를 공유하고 해결책을 찾을 수 있습니다."

UNAI는 유엔공공정보부(Outreach Division, United Nations Department of Public Information)의 글로벌 교육 구상이다. 2010년 11월 18일 반기문 제8대 유엔 사무총장은 뉴욕 유엔 본부에서 고등교육 기관, 장학생, 연구 기관과 유엔의 연계, 또한 각 주체 간 상호 연계를 위해 UNAI를 공식 발족했다.

UNAI의 목표는 전 세계 지성 운동의 창출을 통해 사회에 대한 지성인들의 책임이라는 새로운 문화를 촉진하는 데 있다. 10가지 UNAI 핵심 원칙을 중심으로 UNAI 전 세계 10대 글로벌 허브, 그리고 1,000개의 UNAI 회원 대학교들의 참여를 통해 이러한 목표에 활기를 불어넣고 있다.

한국에서는 한동대학교가 2011년 전 세계 고등교육 역량 강

10 Principles and 10 Hub Universities

10 Principles	10 Hub Universities
1. Commitment to the UN Charter	1. J.F. Oberlin University, Japan
2. Human Rights	2. Paris 1 Pantheon-Sorbonne University, France
3. Education Opportunity for All	3. Education Above All, Qatar
4. Higher Education Opportunity for Every Interested Individual	4. CETYS University, Mexico
5. Capacity Building in Higher Education Systems	5. Handong Global University, Republic of Korea
6. Global Citizenship	6. Ana G. Méndez University, Puerto Rico
7. Peace and Conflict Resolution	7. Pomona College, USA
8. Addressing Poverty	8. Dr. Bhanuben Nanvati College of Architecture for Women , India
9. Sustainability	9. Al Farabi Kazakh National University, Kazakhstan
10. Intercultural Dialogue and Understanding and the Unlearning of Intolerance	10. Escuela Politécnica Javeriana del Ecuador, Ecuador

10가지 UNAI 원칙과 10대 허브 대학교

화 글로벌 허브(www.academicimpact.org)로 지정되었다. 또한 2013년에는 10가지 UNAI 원칙을 지지하는 비영리 기관으로 외교부에 등록되었다. 2014년부터 현재까지 59개 회원 대학교들이 활발하게 참여하고 있다(www.unaikorea.org).

10가지 UNAI 원칙

UNAI는 연구 수행과 관련해 중책을 맡고 있는 기관들뿐 아니라 학위 또는 이에 준하는 자격을 수여하는 모든 고등교육 기관에 개방되어 있다. 10가지 UNAI 원칙을 적극 지지하기 위해, 각 회원 기관은 한 가지 이상의 원칙에 따라 적어도 연 1회 이상 활동해야 한다. UNAI 10대 글로벌 허브는 지식 네트워크를 구축, 회원 기관의 특수 원칙에 따른 활동 수행 공간을 유지, 그리고 모범 사례 공유를 목표로 한다. 10가지 UNAI 원칙은 유엔 지속가능발전목표의 17개 목표와 관련이 있다.

반기문 제8대 유엔 사무총장은 다음과 같이 말했다.

"'지속가능발전을 위한 2030 의제'를 과감하게 실현하기 위해서는 새로운 글로벌 파트너가 필요합니다. 유엔아카데믹임팩트와 지속가능발전해법네트워크(Sustainable Development Solutions Network, SDSN)는 각각의 지속가능발전목표와 유엔의 가치를 촉진하기 위해 학계와 연계하고 있습니다. 모든 인간의 존엄한 삶을 실현하고자 하는 우리의 역사적인 노력에 대학을 동원하는 새롭고 중요한 방법으로서 협력을 환영합니다."

유엔아카데믹임팩트 어스파이어

유엔아카데믹임팩트 어스파이어(UNAI ASPIRE)는 '교육을 통해 혁신과 개혁을 촉진하는 학생 활동'이라는 뜻의 UNAI 학생 지부로, 전 세계 곳곳에서 10가지 UNAI 원칙을 구현하고 있다. 또한 각 어스파이어 그룹은 지역 사회 내 활동을 통해 전 세계의

2015년 5월 20일 반기문 제8대 유엔 사무총장과 이리나 보코바(Erina Bokova) 전 유네스코 사무총장이 참석한 가운데 개최된 세계시민교육 촉진을 위한 제2차 유엔아카데믹임팩트 서울 포럼(UNAI 서울 포럼)

도전 과제 해결을 위한 UNAI 전반의 메시지, 즉 단결과 행동에 기여하고 있다.

21
왜 세계시민교육(GCED)인가?

우리는 더 이상 조국의 목표와 관계에 국한되지 않는 21세기 국제화 시대에 살고 있다. 따라서 세상에 대해 책임을 다하려면 우리의 이해의 폭을 넓혀야 한다. 다른 나라의 문제를 바라볼 때 조국의 관점을 뛰어넘어 해당 국가의 입장에서 이해할 수 있다면, 오늘날 겪고 있는 갈등과 혼란을 상당 부분 줄일 수 있다. 이같이 시야를 넓히려면 창의성 있는 세계시민교육(Global Citizenship Education, GCED)을 실행해야 한다.

글로벌 교육은 세상의 현실에 대해 사람들의 눈과 마음을 열어 주며 모두를 위해 세상의 정의와 평등, 인권을 더 크게 실현할 수 있도록 사람들을 일깨우는 교육이다(마스트리히트 선언, 2002). 한 걸음 더 나아가, 세계시민교육은 앞으로 젊은이들이 상호 의존성이 깊고, 복잡하고, 취약한 세상에서 살아갈 대비를 할 수 있도록 국제화, 교육, 그리고 계획에 의한 노력의 교차점에 대해 고심하고 있다.

세계시민교육은 국제사회 문제를 지속 가능한 방식으로 풀어 갈 수 있도록 통찰력을 제공한다(William Guadelli, *Global Citizenship Education: Everyday Transcendence*, 2016). 세상을 위해 더 나은 미래를 만들고 공유하는 데 젊은이들이 참여하도록 하는 일이 세계시민교육의 핵심이다.

21세기 세계시민교육의 지속 가능성, 총체성, 포용성

세계시민교육(GCED)은 지속 가능한 미래를 준비하기 위한 새로운 교육 패러다임으로 주목받아 왔다. 평화와 인권, 평등, 다양성의 수용, 지속 가능 발전을 특징으로 하는 지속 가능한 미래는 총체적이고, 학제 간에 경계를 초월하며, 변혁을 일으킬 수 있는 새로운 교육 패러다임을 필요로 한다.

전인적 세계시민교육은 지구의 상호 연결성을 이해하고 모든 사람을 위해 어디서든 기꺼이 행동할 줄 아는 세계시민이 되도록 학생들을 준비시킨다. 무엇보다도 국경을 초월해 인간의 업적과 다양성을 학습자들에게 폭넓게 소개한다는 점이 중요하다. 또한 기후 변화와 사막화로부터 지구를 구함으로써 보다 조화로운 자연 환경을 조성하도록 학습자를 준비시킬 수 있다.

전인적이고 포괄적인 글로벌 교육의 틀에 따른 지속 가능성과 포용성을 지닌 21세기 세계시민교육의 핵심 목표가 그림에 잘 나타나 있다.

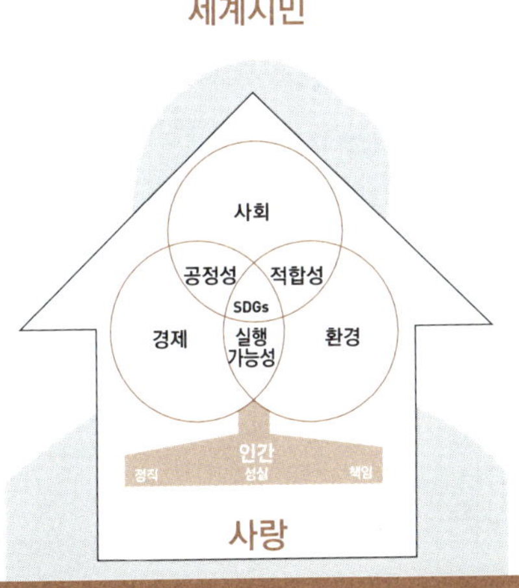

전인적이고 포용적인 세계시민교육(GCED)

전인적이고 포용적인 세계시민교육은 정직과 성실, 책임이라는 탄탄한 기초 위에 세워져야 한다. 인류의 탄탄한 기초로서 참된 기반은 순수하고 진실한 사랑이다. 우리는 "네 이웃을 네 자신같이 사랑하라"(마 22:39)라는 말씀처럼 사랑을 가장 넓은 의미로 해석해야 한다. 또한 교육을 통해 사랑의 근원에 이를 수 있다. 사랑의 근원을 무시하는 것은 인류의 탄탄한 기초를 무시하는 일이고, 결국 지속 가능 발전의 기본 골격을 파괴하게 된디.

이 기초로부터 나뭇가지가 뻗어 나오는데, 세계시민교육의 3가지 주요 의제인 경제, 환경, 사회가 바로 나무의 주요 3대 가지에 해당한다.

가지의 겹치는 부분을 보면, 경제와 사회는 서로 불가분의 관계로서 이 사이에 '공정성'이 있어야 한다는 것을 알 수 있다. 경제와 환경이 겹치는 부분에는 '실행 가능성'이 있어야 하고, 이를 위해 달성 가능한 목표를 세워야 한다. 가지에서 환경과 사회가 겹치는 부분에는 '적합성'이 있어야 하고, 이는 한 의제가 다른 의제를 지배할 수 없다는 의미를 담고 있다. 경제와 환경, 사회가 모두 교차하는 중심 영역은 지속가능발전목표(SDGs)가 달성해야 할 지속 가능 발전을 나타낸다.

전인적이고 포용적인 세계시민교육은 학제 간의 장벽을 초월하는 폭넓은 지식을 전파해야 한다. 기존 대학의 학과들은 이미 결정된 학제의 경계선을 따라 구분해 설정했다. 그러나 오늘날 세계가 직면한 여러 문제와 도전 과제는 학문의 명확한 경계선을 따라 발생하지 않는다. 전인적이고 포용적인 세계시민교육을 통해 상호 연결된 복잡한 국제사회의 지속가능발전목표를 이루려면, 다양한 학문 분야 사이에서 학제 간에 교류하고 경계를 초월하는 훈련을 강조해야 한다.

또한 사람들을 미래의 세계시민으로 준비시키기 위해 인간의 사랑과 정직, 존중, 책임을 아우르는 교육을 제공해야 한다. 이를 통해 세계시민들이 지구의 상호 연결성을 이해하고 사람들과 국제사회의 대의를 위해 행동하게 되기를 바란다.

우리는 교육의 실질적인 글로벌 이행과 함께 변혁을 일으키는 새로운 교육학 내용을 발굴하고 선택해야 한다. 정보 탐색과 분석, 추론 능력, 문제 해결에 탁월한 교육을 제공해야 한다. 또한 협동 학습, 또래 학습, 창의력, 지략, 변화에 대한 적응 능력 등을 우선시해야 한다. 전인교육은 단순히 지식을 전달할 뿐 아니라 육체의 영역을 넘어서 지성, 도덕성, 영성을 고루 함양하는 데 목적이 있기 때문이다.

따라서 평생 학습의 견지에서 세계시민교육에 접근해야 한다. 세계시민교육을 유년기 때부터가 아니라 고등교육 때부터 시작한다면, 진정한 세계시민을 육성하기 힘들다. 지속가능발전목표 달성을 통해 보다 지속 가능한 세상을 이룩하기 위해서는 어려서부터 세계시민으로서 사고하고 행동하도록 어린이들을 교육하는 일이 매우 중요하다.

본질상 유년기부터 시작해야 하는 세계시민교육의 중요성에 대한 인식이 점차 확대되고 있다. 세계시민교육 의제의 글로벌 계발 외에도, 어린이들이 세계시민의식에 대해 이해하고 이를 자신들의 역할에 반영할 수 있도록 기회를 제공해야 한다.

지식, 이해, 기술, 가치, 태도는 어릴 때부터 세계시민의식을 기르는 데 필요한 핵심 요소이다. 이를 전부 다 교육하려면, 교실 안에서 이루어지는 세계시민교육만으로는 충분하지 않기 때문에 부모들로부터 추가 지원을 받을 수 있어야 한다. 어린 시절부터 시작하려면 '가족과 함께하는 세계시민교육'(Family GCED) 등의 형식으로 세계시민교육을 제공해야 한다.

사실 교육 개혁은 이미 오래전에 이루어졌어야 했다. 교육의 최종 목적이 개인의 영달이 아닌 조국과 세계로 바뀌어야 할 때이다. 현재 우리는 사회 분열, 테러, 환경 파괴 등 낡은 교육 패러다임의 결과를 목도하고 있다. 폐단이 너무나 심각해서 지구상 인류의 생존을 위협할 정도이다.

전인적이고 포용적인 세계시민교육을 통해 기존 교육 체계의 틈을 메울 뿐만 아니라 미래에 대한 비전을 제공해야 한다. 변혁을 일으키는 발전된 형태의 전인적이고 포용적인 세계시민교육이 무질서로 혼돈을 겪고 있는 '엔트로피' 세계를 질서정연하고 조화로운 '신트로피' 세계로 회복할 유일한 열쇠이다.

교육을 통해 자신의 말과 행동에 책임질 줄 아는 세계시민을 육성해야 한다. 세계시민이라면 학교에서든 사회에서든 정직하고 부지런하며, 나라 안팎에서 더불어 살 줄 알고, 타인을 기꺼이 도울 뿐 아니라, 때로는 희생을 감수할 줄도 알아야 한다. 또한 손상된 윤리 가치를 회복하고 여러 가지 문제들 속에서도 공존하는 법을 배울 수 있어야 한다.

안타깝게도 기존 교육에는 전 세계가 겪고 있는 동시대의 환경, 사회, 경제 문제에 대한 해법이 담겨 있지 않다. 현대 교육 체계가 세워질 때는 글로벌 세계에 대한 인식이 없었다. 대신 충

성스러운 애국시민 양성이 최우선 목표였다.

물론 국가의 유산과 전통을 기린다고 문제가 되지는 않지만, 다른 나라의 이야기를 공유하는 데도 상당한 주의를 기울여야 한다. 학교는 국가의 목표와 이익에 도움이 되어야 하지만, 동시에 학교를 통해 전 세계와 세계 속에서 우리의 역할이 무엇인지를 이해할 수 있어야 한다. 우리는 함께 일하는 법을 배워야 하고, 서로에 대해 더 알아야 하며, 한 나라가 혼자서는 대응할 수 없는 문제를 해결하기 위해 협상하기로 결의해야 한다(Michael J. Adams, 2010).

다음은 2014년에 발표한 유네스코의 세계시민교육 성명 "21세기 도전 과제를 위한 학습자 대비"(Preparing Learners for the Challenges of the 21st Century by UNESCO)를 요약한 내용이다.

- 다양한 정체성을 이해하고, 각각의 문화, 종교, 민족 등 여러 차이를 초월하는 집단 정체성을 개발할 잠재력 있는 태도(예: 인류 공동의 소속감, 다양성의 존중)
- 국제 문제와 정의, 평등, 존엄, 존중 등 보편 가치에 대한 깊은 지식(예: 세계화 과정, 상호 의존성, 국가 단위로 적절하게 또는 특수하게 해결

할 수 없는 글로벌 도전 과제에 대한 이해), 미래 주요 개념으로서의 지속 가능성(예: 지구를 구하기 위한 '녹색 교육')

- 다양한 차원과 관점, 각도로 문제를 인식할 수 있는 다중 관점의 접근 방식을 채택하는 등 비판하고, 체계화하며, 창의성을 발휘해 생각할 수 있는 인지 기술(예: 다중 관점의 접근 방식에 기반한 추론 및 문제 해결 능력)

- 공감과 갈등 해소 같은 사회성 기술, 또한 배경과 출신, 문화, 관점이 다양한 사람들과 관계를 형성하고 상호 작용하기 위한 의사소통 기술과 품성 등의 비인지 기술(예: 세계인으로서의 공감과 연대감)

- 글로벌 도전 과제에 대한 글로벌 해법을 찾기 위해 공동으로 협력하고 책임질 줄 알며, 공동의 이익을 위해 노력할 줄 아는 행동 역량(예: 책임감, 의사 결정 능력)

22

한동대학교의 반기문UNAI글로벌교육원
(GEI)

유엔아카데믹임팩트(UNAI) 한국협의회는 세계시민교육(GCED)의 필요에 따라 홍보를 시작했고, 반기문UNAI글로벌교육원(Ban Ki-moon Global Education Institute, GEI) 발족을 선언했다.

GEI는 UNAI와 한동대학교와 더불어 공동 교육과 연구를 통해 지속 가능하고 포용적인 발전을 이루기 위한 교육 틀을 제공하는 전문 기관으로서, 앞으로 UNAI 회원 및 국제 기관들 사이에서 선두에 있는 여러 대학 및 기관들과 협력할 예정이다. 또한 국제 학계에서 가교로서의 기능을 할 계획이다.

GEI는 "전 세계의 지속 가능하고 포용적인 발전을 위한 총체

반기문UNAI글로벌교육원(GEI) 전경

적 교육"이라는 비전 아래, 다양한 교육과 연구 프로그램을 제공할 예정이다. 따라서 지속 가능한 세상을 위한 국제 전문가를 양성하는 데 모든 프로그램의 초점이 맞춰진다.

그러나 단순히 지식을 전수하고 기술을 훈련하는 데 그치지 않고 정직성, 성실성, 책임감을 지닌 글로벌 인재를 양성할 계획이다. GEI에서는 다른 어떤 교육보다 인성 교육이 중요하다. 고도로 발달된 물질문명 사회에서 영적 가치를 유지할 학생들을 육성하려는 의지 때문이다. GEI의 교육 철학은 "보이지 않는 세계를 바라보고 미래를 변화시킨다"라는 구호에 잘 나타나 있다.

이는 1995년 개교 이래 전인교육을 강조해 온 한동대학교의 교육 철학과도 일치한다.

GEI의 주요 프로그램은 전인적 세계시민교육, 지속 가능한 친환경 국제 기업가 정신, 포용적인 국제 교육 등 3가지 축을 중심으로 운영될 예정이다.

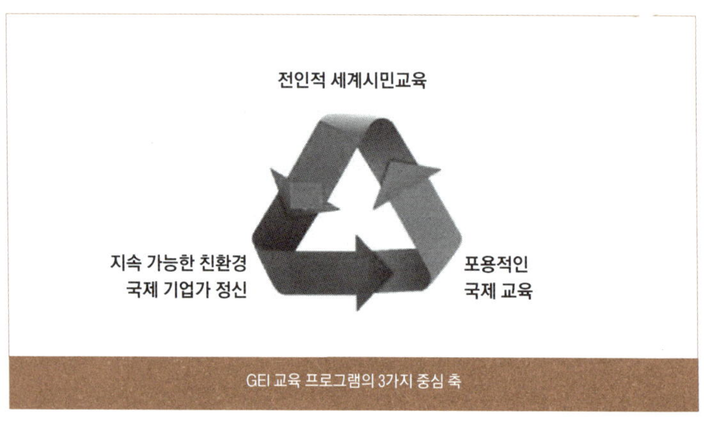

GEI 교육 프로그램의 3가지 중심 축

UNAI-한동그레이스학교(Globally Responsible and Advanced Citizenship Education, GRACE)를 통해 전인적 세계시민교육을 위한 종합 교육 프로그램을 제공할 계획이다. UNAI-한동그레이스학교는 세계시민교육을 전 세계에서 이행하기 위해 고등교육 기관들을 지휘하는 일을 목표로 하고 있다. 학생들은 이 학교의 복수 학과 프로그램에 담긴 다양한 수업을 통해 세계시민의식이 무엇인지 이해하고 실천할 수 있다.

학교는 'E.D.I.S.O.N.'의 사명을 다하여, 결국 학습자가 지역과 세계에 적극 참여해 자신의 역할을 수행할 수 있도록 힘을 길러 주어야 한다. 또한 전 세계의 도전 과제를 해결하기 위해 올바른 사고방식과 태도뿐만 아니라 역량을 갖춘 학생들을 길러 낼 계획이다.

'E.D.I.S.O.N.'에 표현된 바와 같이, UNAI-한동그레이스학교는 역량 강화뿐만 아니라 지속 가능한 세계를 이룩하기 위한 사

Why Not Transform the World?
E
교육의 근본 토대:
정직, 성실, 책임
D
역동적인 교육:
실제 문제 해결 능력을 기르기 위해 학제 간의 경계를 초월
I
혁신:
지속 가능한 경제 발전을 위한 기업가 정신
S
시너지 효과:
협동과 협력의 결과
O
개방성:
평화를 위한 국경 없는 국제 협력
N
성숙한 사고방식:
지속 가능한 환경을 위한 생태계를 보존
EDUCATION for GLOBAL CITIZENSHIP

UNAI-한동그레이스학교의 사명

고방식과 태도의 변화를 강조한다.

'지속 가능한 친환경 국제 기업가 정신'은 친환경 미래 세계의 지속 가능한 경제 성장 달성을 목표로 하는 교육 연구 프로그램이다.

한동대학교에 봉직하던 2013년 4월, 나는 유네스코 유니트윈(University Twinning and Networking)과 협력해 국제기업가정신센터(Global Entrepreneurship Center, GEC)를 설립했다. GEC는 학제 간 경세를 초월해 역동성과 창의성을 두루 갖춘 교육 과정을 제공함으로써 국제사회에 필요한 기업가 정신과 혁신을 교육한다. 또한 이러한 교육은 정직, 성실, 책임이라는 도덕의 근본 토대 위에 세워진다.

개발 원조의 전통 모델은 주로 개발도상국의 최빈층을 대상으로 이들의 최저 생계를 보장하기 위한 현금 지원이었다. 그러나 개발도상국에 물고기를 잡아 주기보다는 물고기 잡는 법을 가르쳐 주는 일이 더 효과가 있다. 이런 일은 기업가 정신 교육을 통해, 특히 제일 수준 높은 교육을 받은 원주민을 대상으로 할 때 가능하다. 덕분에 개발도상국들은 원조 받은 자금을 기업에 투자할 수 있는 힘을 기르게 된다.

이런 맥락에서, GEC는 첫째로 학생들의 사고방식 변화, 둘째로 학생들의 윤리 기반 구축이라는 기업가 정신 교육의 두 가지 특징을 강조한다. 이러한 사고방식의 변화가 동기와 희망, 열정, 용기를 불러일으킨다. 이것을 신생 기업들의 지식과 결합하면, 지속 가능 발전을 달성할 수 있는 엄청난 에너지를 촉발해 공동체의 기풍을 변화시킬 수 있다.

아마도 윤리 기반이 GEC 교육의 가장 큰 특징이라 할 수 있겠다. 기업가의 성공은 정직과 성실의 엄격한 준수를 전제로 한다. 이를 통해 기업가가 투자자와 소비자 모두로부터 필요한 신뢰를 얻을 수 있기 때문이다.

나는 2012년 12월 7일 유엔 총회 결의안에 영감을 받아 GEC를 설립했다. "발전을 위한 기업가 정신"이라는 제목의 결의안은 기업가 정신을 발전의 촉매제로 제시하기 위해 고안되었고, 기업가에게 유리한 조건을 창출하고, 교육을 제공하며, 사업 설립에 따른 관료적 장애물을 제거하도록 촉구했다. 결의안은 UN이 기업가 정신을 빈곤 문제 해결, 일자리 창출, 지속 가능한 성장을 위한 주요 수단으로 공식 인정했음을 최초로 보여 주었다. 이 결의안에 따라, GEC는 국내 최초로 기업가 정신 분야에 새로운 교육 모델을 수립했다.

하지만 기업가 정신에 관해 보다 확장된 교육이 필요하다. 지속 가능한 환경에 대한 관점이 여기에 포함된다. 이러한 개념은 '지속 가능한 친환경 국제 기업가 정신'의 배경이 된다. 이에 대한 연구와 교육은 21세기 세계 경제의 위기를 극복하고 지속 가능한 번영을 이루기 위한 끊임없는 노력의 일환으로, 미래형 청정에너지원을 개발하고, 환경 기술을 발전시키며, 도시 환경 계획을 수립하기 위한 전략이다.

이 프로그램은 학생들에게 동기를 부여할 뿐 아니라 사회에 대한 책임감을 기르고, 기업가의 창조 정신을 경험하며, 생태 환경을 실행해 볼 수 있도록 융합된 교육 과정을 통해 제공된다. 나는 이 프로그램이 대한민국에서뿐만 아니라 기업가 정신 계발이 필요한 여러 다른 나라로 확대되기를 바란다.

UNAI는 유엔의 목표를 달성하고 지속 가능한 세계를 만들기 위해 학계의 노력을 모으는 데 본래의 목적이 있었다. 마찬가지로, GEI의 '포용적인 국제 교육'은 UNAI의 목표 달성을 위한 협력 관계 구축에 중점을 둔다. 유네스코의 유니트윈 프로그램을 시작한 이래로 계속 강조했던 바와 같이, 나는 이 협력 관계가 포용적이어야 한다고 생각한다.

한동대학교는 2007년에 유네스코 유니트윈의 주관 대학으로 지정되었다. 대한민국 대학으로서는 처음 있는 일이었다. 한동대학교는 이 프로그램을 통해 수많은 국가와 사람들에게 다가갈 수 있었고, 또한 이들의 역량 강화를 위해 막대한 도움을 제공했다. 개발도상국과 선진국 사이에서 한동대학교가 고안한 협력이 실제로 이루어졌고, 덕분에 성공적인 결과를 도출할 수 있었다.

이에 앞선 2005년, 한동대학교는 유네스코에 포용적인 협력을 요청하는 제안서를 제출했다. 포용적인 협력이야말로 균형 잡힌 발전을 이룩하는 유일한 방법이자, 지속 가능 발전으로 이어지는 길이기 때문이다.

상호 간에 포용적인 발전이 이루어질 때 지속 가능한 세계를 유지할 수 있다. GEI의 '포용적인 국제 교육' 프로그램이 새로운 포용적 교육 패러다임을 촉진하고 개발도상국과 선진국 모두로부터 여러 사회단체의 참여를 이끌어 낼 수 있으리라 믿는다.

전통을 상고한다는 것은 단순히 과거를 기념하고 추억하기 위한 일이 아니다. 전통 속에서 오늘날의 문제를 해결할 수 있는 실마리를 찾을 수 있고, 바람직한 미래를 창조하기 위한 영감을 얻을 수 있다. 전통은 새로운 문화와 새로운 사상을 만나 소통함으로써 더욱 생명력을 얻고 시대의 변화를 선도하기도 한다. 때로 전통은 너무나 강력해서 현재의 방향을 바꾸기도 한다.

어느 시인의 표현처럼 전통을 '흘러간 시냇물'과 같다고 한다면, 흘러간 물이 어떻게 현실이라는 물레방아를 돌리고, 나아가 미래를 위한 동력으로 작용할 수 있을까를 지례동 양동댁의 사례가 웅변처럼 말해 주고 있음을 이 책에서 전하고자 했다. 전통이 우리의 현실 속에 펄펄 살아 숨 쉬며, 현실의 물레방아를 힘차게 돌리고 있다는 사실을…. 이것이 온고지신(溫故知新) 아니겠는가.

나는 이러한 '전통이 가진 힘'을 일찍이 과학자로서 연구 현장에

몸담고 있을 때부터 강하게 의식하고 있었다. 미국에서 연구 생활을 하던 시기에도 뿌리 깊은 지례동 양동댁 전통의 DNA는 감출 수 없었나 보다.

조국의 빈약한 국력을 생각하며 과학기술 발전에 일익을 담당하고 싶다는 포부로 선진 과학 문명을 습득하기 위해 머나먼 땅에서 혼신의 노력을 다하고 있었지만, 한편으로는 과학의 미래가 오직 낙관적으로만 다가오지 않았다. 이는 과학의 양면성에 대한 문제의식 때문이었다. 과학이 지닌 비관적 측면에 대처하기 위해서는 우리 집안의 가학(家學)이기도 한 전통 유학과 같은 인문 정신의 훈련이 필요하다는 생각이 들었다. 그래서 훗날에는 유학에 더해 기독교 정신까지 받아들이게 되지 않았을까 싶다.

때로 나는 과학이 럭비공과 같다고 생각한다. 어디로 튈지 아무도 모르기 때문이다. 인간에게 이로움을 주는 방향일 수도 있고, 해로움을 주는 방향일 수도 있다. 일본 히로시마시립여자고등학교 교정에 서 있는 소녀상의 기슴에는 아인슈타인의 'E=mc²' 공식이 새겨져 있다고 한다. 원자의 본질을 밝히는 데 결정적인 단서를 제공했던 상대성 이론이 원자폭탄을 제조하는 이론적 근거가 될 줄은 아인슈타인도 미처 예상하지 못했으리라.

과학의 발달은 이처럼 우리에게 장밋빛 전망만을 안겨 주지 않는다. 날로 정교해지고 위력을 더해 가는 전쟁 살상 무기라든가, 인간 복제, 정보 통신 기술의 발달에 따른 비인간화, 환경 파괴 등 과학지상주의의 구호 아래 가공할 미래가 도래할지도 모른다. 예컨대 근래 화제가 되었던 인공지능 '알파고'의 놀라운 성능에 대해서도 그저 감탄만 할 수는 없다. 이것이 나쁜 세력의 지배 아래 들어갔을 때 그 재앙은 상상하기도 싫을 만큼 엄청날 것이기 때문이다. 그렇다고 과학을 폐기하고 원시로 돌아갈 수는 없는 노릇.

과학기술의 발전 자체는 누구도 거역할 수 없다지만, 우리는 적어도 이러한 과학이 가진 양면성만큼은 철저히 인식할 필요가 있다. 과학은 인류의 행복을 증진시키기도 하지만 인류를 파멸로 이끌 수도 있다는 사실, 다시 말하면 과학 발전은 선악의 양면성을 다 지니고 있다는 사실 말이다.

과학은 그 자체로서는 순수하고 선한 범주이다. 김영식 교수의 말대로, "과학 지식 자체는 어떤 결정도 내릴 수 없고, 결정을 내리는 일을 도와주는 정보를 제공할 뿐이다."

그러나 현실의 과학은 순수하지 않다. 과학자의 사회적 지위나 역할에 따라 과학의 가치 영역과 관계가 달라진다. 자본과 정치, 이데올로기와 결부됨으로써 과학은 선악 양날의 검이 된다. 과학이 현실 속에서 지배(정치)와 욕망(자본)의 도구가 됨으로써 선악 양면성을 띠게 된다는 말이다. 그래서 이 도구를 사용하는 사람에 따라 과학은 세상의 구원자가 될 수도, 세상을 파괴하는 악의 화신이 될 수도 있다.

오늘날 과학기술의 놀라운 발전은 '0'과 '1'의 이진수를 바탕으로 양자택일의 사고를 낳은, 배타적 이진 논리의 산물이다. 모든 디지털 의사소통의 핵심에는 이진 논리가 있다. 이진 논리가 없었다면 컴퓨터나 현대 과학의 수많은 혜택을 누리지 못했을 것이다.

그러나 이진 논리가 우리의 사고와 행동을 지배하는 철학으로, 특히 교육의 기본으로 채택된다면 오도될 수 있다. 양자택일의 사고는 과학기술 세계의 놀라운 발전이라는 혜택을 이끌었으나 동시에 생명의 전체성과 경의를 설명할 수는 없다. 어떻게 윤리와 도덕, 사랑과 양심 등을 과학으로 설명하고, 느끼며, 판단할 수 있겠는가. 이는 과학의 범주와 영역을 훌쩍 뛰어넘는다.

프랑스 과학계의 지성 장 자크 살로몽(Jean-Jacques Salomon)은《갈릴레이 딜레마》(이후 역간, 2007)라는 책에서 과학자에게도 능동적인 인문 정신이 요청된다고 주장한다. 살로몽은 과학의 양면성에 대해 고민하면서 이제 과학자는 사회 변화와 정책 결정에 수동적인 전문가로서 기계적인 역할에만 갇혀 있어서는 안 된다고 단호하게 말한다. 살로몽은 과학자를 전문화된 기술 능력을 지닌 '과학자'와 전문성 확보를 넘어 지성, 도덕성에 따른 의무를 인식하는 '과학 지식인'이라는 두 부류로 나누고, 비록 수는 적지만 후자에 속하는 개인들의 존재에 희망을 걸었다. 그의 말을 들어 보자.

"과학 지식인은 문화적 존재이다. 즉 단순히 과학을 알고 행할 뿐 아니라 과학을 인류에게 주어진 하나의 문제로 생각하는 존재이다. 그러나 과학자들은 대부분 여러 기술인들처럼 '영혼도 의식도 없는' 과학의 수행자일 뿐이다. 양심은 이들의 몫이 아니며, 단지 경제적 이득만을 추구하는 연구를 한다."

살로몽에 의하면 탁월한 전문 능력을 갖추었지만 이러한 기술 지식을 초월해 도덕성, 지성이 깨어 있는 자가 '과학 지식인'이다. 즉 과학자는 올바른 비판 정신을 지니고 과학과 관련한 정치, 사회, 역사, 생명, 환경 문제에 대해 성숙한 성찰을 할 수 있어야 한다.

호길 형님은 진정한 과학 지식인으로서 "과학도 인간이 하는 일"이라는 명제를 통해 과학의 한계를 돌파하고자 했던 것 같다. 형님은 "과학자의 자세는 어떠해야 합니까?"라는 언론사 기자의 물음에 이렇게 답변한 바 있다.

"과학자는 동시에 교육자가 됩니다. 그러므로 좁은 지식에만 머물지 말고 폭넓은 인격을 갖춰야 합니다. 또한 연구에 임할 때는 마음을 비워야 합니다. 욕심이 생기면 데이터를 조작할 위험이 있지요."

형님은 이처럼 이공계 대학에서 단순하게 전문 지식만을 아는 과학기술 학도가 아니라 인문적 소양을 갖춘 과학기술인을 육성해야겠다는 교육 철학을 지니고 있었다. 특히 우리 전통 유학, 퇴계학의 인문 정신을 강조했다. 포항공과대학교의 교육 과정에서도 과학기술 계통의 여느 대학과 달리 인문 교육을 중요시했고, 더불어 퇴계학의 저명 학자를 정교수로 초빙하기도 했다.

나 역시 형님처럼 유학이 지닌 인문 정신에 주목했다. 나는 교육에 대해 이렇게 생각한다. 교육의 근본 목적은 사람을 사람답게 양육하는 것이다. 교육은 지식과 정보의 전달 그 이상의 일을 의미한다.

'지례동 양동댁'의 우리 두 형제는 풍부한 유학 정신을 공유하고 있었다. 그런데 나는 인문 교육의 방향을 형님과는 좀 다르게 잡았다. 호길 형님처럼 유학의 인문 정신에 공감을 하면서도, 더 나아가 종교에 따른 '영성 교육'의 필요성을 특별히 인식했다. 나는 이것을 기독교 정신이 지니고 있는 영성 교육 전통에서 발견했다. 그리고 이러한 영성 교육이 우리의 전통과 결코 어긋난다고 생각하지 않는다. 오히려 기독교의 영성 교육을 통해 인간의 육체, 정신, 영혼을 아우르는 전인교육이 가능하다고 생각하고 이를 실천해 왔다.

교육은 개인의 인성과 삶을 형성하는 과정이다. 사람에게 가장 중요한 문제는 삶의 의미이다. 참교육이란 정직과 성실, 책임감을 가르치는 인성 교육, 지(智)·덕(德)·체(體)의 전인교육, 특히 이웃과 더불어 사는 공동체 협력 교육을 의미한다. 한자 '어질 인'(仁) 자가 표상하듯, 인간은 사람(人)이 홀로 살지 않고 두 사람 이상, 즉 이웃과 더불어 살아감으로써 존재의 의미를 찾는다. 인간은 사람과 사람, 사람과 자연의 관계를 통해 더불어 산다.

교육이란 단순히 경제 발전의 수단이나 방법만이 아니라 '경천애인'(敬天愛人)이 주는 메시지처럼 하늘을 경외하고 이웃을 사랑하며, 인간 세상을 널리 이롭게 하는 '홍익인간'(弘益人間) 정신을 실현하는 데 근본 목적이 있다. 조선 시대 서울, 경기 지역 일단의 남인 퇴계학파 인물들이 기독교(천주교)에 경도된 이유는 퇴계학에서 기독교 영성과 통하는 모종의 맥락을 발견했기 때문이리라. 이는 현대의 퇴계학 연구자들도 다수가 인정하는 부분이다.

인간은 육체, 정신, 영혼으로 구성되어 있다. 삶이란 정신과 영혼이 오감을 통해 경험하는 물리적 육체와 지상의 환경과 나누는 상호작용이다. 통합된 총체적 교육은 정신(지성, 감정, 의지)과 영혼(지혜, 직관, 양심)과 육체라는 인간의 모든 영역을 포괄해야 한다. 분석과 경험에 근거한 과학의 사고방식만으로는 생명체의 본질, 생명의 목적과 의미를 적절히 설명할 수 없기 때문에 과학에는 한계가 있다. 과학으로는 정신과 영혼의 존재를 증명할 수 없다. 고로 진정한 교육은 지식을 전하고 보급하는 일뿐 아니라 지성, 도덕성, 영성의 영역까지 육성해야 한다.

첨단 과학기술이 고도로 발달해 초복잡성에 직면한 오늘날, 기독교 정신에 바탕을 둔 통합된 총체적 교육(Holistic Education)이 더욱 절실하다. 18세기 서구사회에서 시작된 산업혁명 이후 과학기술이 급속하게 발전하면서 동양의 전통 가치관과 사회 윤리관이 점점 쇠퇴하고 있다. 그 결과 인류가 더불어 살기보다는 서로를 경계하며 자국과 개인 중심의 경제 발전과 물질의 풍요만을 추구하게 되었고, 윤리와 도덕, 생명의 존엄성은 더욱 파괴되고 있다. 기하급수적인 발전 속도를 자랑하는 최첨단 디지털 기술로도 윤리와 도덕, 영혼의 정신 문제를 해결할 수는 없다. 따라서 육체와 정신을 하나로 보는 총체적 교육이 절실히 요구된다.

근래에는 미국에서도 교육 문제와 관련해 새로운 전환을 요구하는 목소리가 높다. 즉 인류 문명과 과학의 발전으로 교육에도 혁신적인 변화가 요구되고 있다. 이것은 '인성 교육의 강조'로 나타나고 있다. 1997년 1월 23일 연두교서에서 빌 클린턴(Bill Clinton) 전 대통령은 "모든 학교가 인성 교육을 실시하고 올바른 가치와 시민의식을 가르쳐야 한다"고 역설했다. 교육은 학생에게 지식 내용을 전달하는 일 이상이어야 한다는 의미이다.

교육은 개인의 인성과 삶을 형성하는 일이다. 사람에게 가장 중요한 문제는 삶의 의미이다. 그러나 오늘날 대학들은 이 문제를 다루지 않는다. 대신 더 많은 지식과 더 높은 실력을 쌓는 데만 관심을 둔다.

하버드대학교의 전 학장 해리 루이스(Harry R. Lewis) 교수는 "우리는 인간다움의 의미가 무엇인지에 대해 학생들이 이해할 수 있도록 인문학을 가르치는 기술을 잃어버렸다"고 한탄했다. 예일 법과대학의 전 학장인 앤서니 크론먼(Anthony T. Kronman) 또한 "대학 교수들은 삶의 의미라는 질문을 무시해 왔다"고 말했다. 크론먼은 상상력이 풍부한 문학과 철학 작품들을 신중하게 비판적으로 읽음으로써 삶의 의미를 탐구하는 인문학의 잃어버린 전통을 되살려야 한다고 주장했다. 이처럼 인문학 전통으로의 회귀는 전 인류가 나아가야 할 교육의 방향이다.

아! 1994년 4월 30일 사랑하는 호길 형님이 불의의 사고로 돌아가셨다. 가족 내에서는 형님이요, 학계에서는 동료요, 삶의 길에서는 스승과 같은 분이었다. 마침 형님이 1986년부터 총장으로 있었던 포항공과대학교와 같은 지역의 한동대학교에서 내가 초대 총장 부임을 앞두고 있었기에 더욱 황망했다. 특히 교육에 대해 함께 토론하고 경험을 공유할 동반자를 잃어버린 상실감이 더욱 컸다.

그 이후 나는 형님이 없는 세상에서, 과학자보다는 교육자로서 최일선에서 활동해 왔다. 퇴계학의 인문 정신을 강조한 형님의 교육 철학을 깊이 참조하고 계승하면서, 한편 나 스스로 정립하게 된 영성 교육에 대한 독특한 신념을 바탕으로 시대의 변화에 따라 창조적인 교육 실험을 시도했다. 시련과 고난이 함께했지만 많은 사람이 나의 시도에 공감을 보내 주었다. 보람 있는 세월이었다.

2014년 1월 31일, 나는 약 20년간 몸담았던 한동대학교 총장직에서 물러났다. 비록 교육의 최일선에서는 물러났으나 나의 교육 실험은 끝나지 않았고 열정 또한 식지 않았다. 유엔아카데믹임팩트(UNAI) 한국협의회 회장으로서 현재 한동대학교에 반기문UNAI글로벌교육원(GEI) 설립을 추진하고 있다. GEI가 젊은 세계시민들이 세상을 더 포용적인 공동체로 만드는 전당이 되리라 믿는다. 이곳에서 학생들은 전문 지식을 연마하고 정직성, 성실성, 책임감을 지닌 인간으로 훈련받게 된다.

개인적으로는 GEI의 전인적 세계시민교육을 통해 세계시민들이 하나님의 사랑을 깨닫고 영성을 훈련하게 되기를 소망한다. 전인적 세계시민교육이 무너진 하나님의 창조 질서를 원래대로 회복하는 유일한 길이라 강조하고 싶다.

GEI를 통해 크리스천 글로벌 전인교육을 실현하려는 나의 사명을 이룰 수 있기를 바란다. 이제까지 이루어 온 발전을 주님을 위해 사용하고, 새로운 방식으로 투입하고자 한다. 교육의 길 위에서 글로벌 인재를 양성하기 위한 이 도전이 계속해서 크리스천 글로벌 전인교육의 또 다른 새 지평을 열기를 기도한다.

1. Michael J. Adams, "Fulfilling the United Nations Promise," *UN Chronicle*, VoXL VII, No. 3(2010).

2. N. Bohr, *Atomic theory and the description of nature*(Cambridge UK: Cambridge University Press, 1934).

3. Ulisse Di Corpo and Antonella Vannini, "Syntropy, the Law of Complementarity and Unity," *Syntropy 1*(2013), pp. 83-92.

4. Albert Einstein, *Science and religion*(1954).

5. Luigi Fantappiè, *Principi di una teoria unitaria del mondo fisco, Biologica*, Humanitas, Nova Editrice, Roma, 1944.

6. William Guadelli, *Global Citizenship Education: Everyday Transcendence*(Taylor & Francis, 2016).

7. 김영길, "New Directions for Universities in the 21st Century," UNESCO: The Third Session of the Regional Follow-up

Committee for the 1998 World Conference on Higher Education in Asia and the Pacific(2005).

8. 김영길, *See the Invisible, Change the World*(Xulon Press, 2006).

9. 김영길, "A Shift of Higher Educational Paradigm with Scientific Development from Isolation to Integrative/Holistic Global Education in the 21st Century," *Educational Research* 4(2010), pp. 75-87.

10. 김영길, 김기홍, *Entrepreneurship as the Fishing Rod in Place of the Fish*(Tomorrow Today, 2010).

11. 김영길,《신트로피 드라마》, 두란노, 2014.

12. 김영길, 장순흥, "Roles of the United Nations Academic Impact(UNAI) & the International Centre of Global Citizens Higher Education(GCHE) for achieving Sustainable Development Goals(SDGs)," *United Nations Academic Impact at Five: The*

Next Generation for Global Citizens(NYC, 2015).

13. 김영길, 장순흥, 한충희, *Creative Global Citizenship Education for Sustainable Development in the 21st Century*(NORRAG News 52, 2015).

14. 김영길, "Why not Transform the World?: UNAI GRACE School for Achieving UN Sustainable Development Goals," *Educational Research*, Vol. 7(2016), pp. 113-118.

15. Anthony T. Kronman, *Education's End: Why Our Colleges and Universities Have Given Up on the Meaning of Life*(Yale University Press, 2008).

16. Harry R. Lewis, *Excellence Without Soul: How a Great University Forgot Education*(Public Affairs Perseus Book Group, New York, 2006).

17. Hal Lindsey, *The Liberation of Planet Earth*(Grand Rapids MI: Zondervan, 1974).

18. Paul E. Litter and James F. Nyquist, *Know Why You Believe*(Downers Grove IL: IVP Books, 2008). (《이래서 믿는다》, 생명의말씀사 역간, 2008).

19. Maastricht Global Education Declaration(2002): http://www.global-edu.net/materials/ maasstricht-global-education-declaration.

20. Y. Massuda, *The Information Society as Post-Industrial*

Society(Transaction Publishers, 1981).

21. Henry Madison Morris, *Scientific Creationism*(EI Cajon CA: Masterbooks, 1974).

22. Henri J. M. Nouwen, *In the Name of Jesus: Reflections on Christian Leadership*(New York: The Crossroad Publishing Company, 1992). (《예수님의 이름으로-헨리 나우웬의 섬기는 리더십》, 두란노 역간, 2008).

23. Phyllis Kim, Young-Ae, *The Papyrus Basket Conspiracy*(Xulon Press, 2006).

24. Clausius Rudolf, "On the Motive of Heat and on the Laws Which Can Be Deduced from It for the Theory of Heat," *Poggendorff 's Annalen der Physick*, LXXIX March-April(1850).

25. John Schaar, *Legitimacy in the Modern State*(1981).

26. Klaus Schwab, *The Fourth Industrial Revolution: what it means, how to respond*(World Economic Forum Annual Meeting, 2016). ("4차 산업혁명: 의미와 대응", 2016 세계경제포럼 연례회의).

27. Klaus Schwab, *Shaping the Fourth Industrial Revolution*(Project Syndicate, 2016): https://www.project-syndicate.org/commentary/fourth-industrial-revolution-human-development-by-klaus-schwab-2016-01.

28. John Stott, *The Radical Disciple: Some Neglected Aspects of*

Our Calling(Downers Grove IL: IVP Books, 2010). 《제자도》, IVP 역간, 2010).

29. Albert Szent-Gyorgyi, "Drive in Living Matter to Perfect Itself," *Synthesis 1*, No. 1(1997), pp. 14-26.

30. UNESCO, *Global Citizenship Education Preparing Leaners for the Challenges of the 21st Century*(2014).

31. Antonella Vannini, "Entropy and Syntropy: From Mechanical to Life Science," *NeuroQuantology 2*(2005), pp. 88-110.

32. Albert Weale, "Citizenship Beyond Borders," Vogal U. and Moran M.(eds.), *The Frontiers of Citizenship*(MaCmillan, 1991), p. 155.

33. John Wheeler, *Physics Today*, Jan.(1963), p. 30.

34. Philip Yancey, *Rumors of Another World*(Grand Rapids MI: Zondervan, 2003). 《내 눈이 주의 영광을 보네》, 좋은씨앗 역간, 2014).